U0516796

知行视界系列丛书

Egypt

永远的凝视

走进古埃及，从疑惑到理解

李晓东 著

知识产权出版社

全国百佳图书出版单位

—北京—

图书在版编目（CIP）数据

永远的凝视：走进古埃及，从疑惑到理解 / 李晓东著.
北京：知识产权出版社，2024.9 —（知行视界系列丛书）.
ISBN 978-7-5130-9459-7

Ⅰ. K411.2

中国国家版本馆CIP数据核字第2024FU9765号

责任编辑：张　荣　刘亚军　　　　　　　责任校对：潘凤越
封面设计：北京美光设计制版有限公司　　责任印制：刘译文

永远的凝视

走进古埃及，从疑惑到理解

李晓东　著

出版发行：	知识产权出版社有限责任公司	网　　址：	http://www.ipph.cn
社　　址：	北京市海淀区气象路50号院	邮　　编：	100081
责编电话：	010–82000860 转 8109	责编邮箱：	107392336@qq.com
发行电话：	010–82000860 转 8101 / 8102	发行传真：	010–82000893 / 82005070 / 82000270
印　　刷：	三河市国英印务有限公司	经　　销：	新华书店、各大网上书店及相关专业书店
开　　本：	880mm×1230mm　1 / 32	印　　张：	6.75
版　　次：	2024年9月第1版	印　　次：	2024年9月第1次印刷
字　　数：	152千字	定　　价：	68.00元

ISBN 978-7-5130-9459-7

丛书编委会

总 顾 问　　　颜海英

编委会主任　　王明亮

编　　　委　　李晓东　　拱玉书　　罗彤　　朱兆一
　　　　　　　李哲　　　Hamdy Sadek 王大力（埃及）
　　　　　　　何德益　　乔利军　　张雨　　王荣

特约编辑　　　荣畅

丛书序

有句话说得好："世界那么大，我想去看看。"这句话可以说是游学的启蒙口号。还有一句话叫作："不看世界，哪有什么世界观？"这句话则像是出发的召集令！

十年前，"知行视界"依托于中国文化书院这一优秀的国学平台，在汤一介先生、王守常院长的教诲下，在众多教授、专家、学者与朋友的支持下，从学国学到看世界、从读经典到行天下，走过了整整十年的世界文明游学之路。

十年来，近千名同学、朋友、同道中人在"知行视界"的组织下，游历了主要世界文明、宗教发祥地，目睹了诸多重大历史事件的发生地，走过了三十多个国家和地区……

我们曾探访文明古国埃及、印度，西方文明发源地希腊；也曾前往以色列，领略犹太教、基督教及伊斯兰教的圣城耶路撒冷，参拜佛教圣地蓝毗尼、菩提伽耶；在第一次世界大战爆发地萨拉热窝，第二次世界大战灭绝人性的奥斯维辛集中营，苏联解体后发生内战的车臣，留下足迹……

我们曾在美丽的西西里埃特纳火山上散步，在纳米比亚布满星星的黑暗天空下思考；在尼泊尔聆听优美的佛乐，在不丹遇见充满幸福的笑脸；在墨西哥登上被西班牙殖民者毁灭后残存的无解的太阳金字塔、月亮金字塔，在朝鲜板门店简易平房里看美国等联合国军签署的停战协议……

在北京大学历史学系教授、博士生导师，北京大学古代东方研究所所长，埃及学专家，"知行视界"总顾问颜海英老师的指导下，我们邀请有长期在国外考察、学习、研究、生活经历的教授、专家、学者，系统梳理世界文明及历史发展的脉络，讲解众多世界文化遗产及具有历史、人文标志的文化地标，整理成册，实现愿景：出版"知行视界系列丛书"。

由于丛书涉及时空范围广、历史跨度大、专业性强，在解读各种文明及历史的专业术语、知识等方面，会有不当或错误之处，敬请大家批评指正，我们将在再版时予以改正。

王明亮

资深媒体人

《精品购物指南》报社常务副总编辑

"知行视界"游学品牌创始人

2024 年 6 月于北京

本书序

一本好书就是一个好展览，线索明确，多维立体，系统叙事，起承转合，跌宕起伏，可游、可感、可读。李晓东的《永远的凝视——走进古埃及，从疑惑到理解》一书打破了传统书籍的线性叙事方式，创造了一种独特的立体多维的叙事方式，让读者能够走进书籍，移步古埃及每一个历史节点、每一处历史文化遗迹、每一座博物馆，进行沉浸式的感知与阅读，跨越时空的对话与再建构，可谓非常生动与过瘾。正因为如此，这本书俨然是打破传统书籍以作者为主视角的叙事方式，而是围绕读者为主视角来进行营造。概括起来，我认为有三个维度值得关注，也是本书的最大亮点。

一是时空维度。古埃及文明严格意义上讲，是一部断代文明史。如何让今天的读者能够身临其境地走进彼时的时空，切身感知与体验那段距今上千年的真实意境，这就需要作者有一种超时空的营造能力。正像作者前言中所言：写作本书就是将访古之旅与悠久的历史文化建构成一本简捷而专业的书，帮助读者走进古埃及并为深探古埃及文明这块人类文明标本提供专业入门知识。因此，作者在这种导向的基础上，引导读者开乘着独属古埃及的神圣"太阳船"，沿着古埃及的大动脉——尼罗河，以一名"古埃及人"的特殊身份去体验属于自己的那片天地上的万事万物。时而信步徜徉、时而心虔志诚，时而怅然自失、时而慷慨激昂……

二是对话维度。解锁一部文明，需要读者拿到独属的文字和语言这把金钥匙，才能与其对话与交流，否则就是走马观花。李晓东将古埃及的神圣象形文字贯穿全书，让读者在畅游的同时，身临其境地学习古埃及王名、神名、字母表、祝福语等，真正做到由浅入深，从兴趣来到专业去，完成与彼时众阶层的"古埃及人"进行交流，拉近历史与读者的距离。真正做到在时间、空间中真诚的交流与对话。

三是内化维度。何谓历史？何谓文明？丰富的物质文化遗产和非物质文化遗产共构文明，书写历史。历史书是静态的，文明是动态的，如何营造鲜活场景，让这些文化遗产主动交织、主动说话是本书的又一大亮点。这也是习近平总书记的重要论述"让文物活起来"的具体体现。如何交织、如何营造，这就考验作者对埃及学深入研究程度和"浅出"的水平。李晓东深耕埃及学30余年，亲临埃及上百次，深入是他的专业，当然不需要赘述。"浅出"才是真本事，需要作者的"内化"与"转化"，内化成"古埃及先民"，娓娓道来，转化成读者的语言，进行深度体验与感知。据作者所言，这本书是在他多年教学成果的基础上编纂而成的，本身就是他对古埃及文明深度理解与感知的"内化"，文风简洁、自然、鲜活、亲民。也因此，读完后感觉书中内容已经成为读者血液中流淌的知识，顺其自然，亲切轻松、酣畅淋漓。

总之，在今天的"文明共同体"新时代，每一位中国读者作为东方古文明的一分子，我们需要知己知彼，在人类文明的百花园中，做好文明互鉴与交流，这不是作者一个人的责任，也是每一位读者的神圣"历史责任"。真正做到"各美其美，美人之美，美美与共"，需要更多的像李晓东这样"深入浅出"的专家，也需要能够打破时空，进行与文明对话的读者来共同营造。

颜海英

北京大学历史学系教授

北京大学古代东方文明研究所所长

2024 年 9 月

前言

　　一个古老文明留下的遗迹，让我们用很短的时间做一次概览似的宏观巡礼，这是每一位渴望前往文明古国访古游人的梦想。这个梦想不难实现，无论穷游或富游，尼罗河旖旎的风光，落日余晖下的帆船与驼影，都随着埃及对中国公民落地签证的实施变得非常容易。在这美丽风光与宣礼塔林立的异域土地上，最为吸引人的还是那矗立数千年的金字塔、恢弘雄伟的神庙遗存、让人震撼的巨大法老雕像与方尖碑。震撼之余，那石碑和墙壁上的浮雕与壁画，栩栩如生的文字像缩小了的图画，密密麻麻地刻写其上，游人不能不浮想联翩，似有穿越数千年时空回到远古的错觉。于是，面对时间跨度超越三千年又接着断了两千年的历史遗存，会出现一些不解的问题，需要专业的、深入浅出的引领方能豁然开朗。

　　这本小书就为这样一个目的而写，预定目标：简捷的、专业的引领。简捷是以尼罗河为主线，从北向南，从亚历山大城到阿布辛贝，串起整个古埃及的历史文化。专业则是努力在由北向南的尼罗河之旅中镶嵌古埃及三千年历史的大势框架，并努力将理解古埃及文化的语言文字的基础和最简捷有效的考古断代手段纳入其中，即通过王名圈的辨认确定文物和遗址的年代及归属。作者试图纵横捭阖，将访古之旅与悠久的历史文化建构成一本简捷而专业的口袋书，帮助读者走进古埃及并为深探古埃及文明这块人类文明标本提供专业的入门知识。

　　本书以讲座形式为行文基调，以口语化的表述试图让读者的阅读像倾听故事一样亲切轻松。是否做到，作者都正襟危坐听凭读者评说。

李晓东

2024 年 8 月

目录

01

第一部分

如何探索
古埃及文明

我们去埃及旅游，有时是先到开罗有时是先到卢克索，有时是从尼罗河逆流而上，一直到阿布辛贝勒，有时是从中部，在古埃及新王国时期的首都底比斯开始，向上到苏丹边境（古代努比亚边境）然后向下游走，一直到地中海，再留出几天的时间，最后到红海。无论走哪条线路，我们都是在沿着古埃及文明的足迹一步一步由古代走到近现代。最后，在红海岸边，我们享受的并非尼罗河的风光，而是红海那种人间天堂般的五星级享受，因为红海特别清澈、特别漂亮，水至清而有鱼，海湛蓝而天阔。

本书沿着尼罗河向上的路线进行讲述，为什么这样呢？因为一般来说埃及旅游有两条路线，或者叫两条路径，一条是访古，另一条是休闲。来到了红海或地中海，人们大部分的时间是休闲。而沿着尼罗河向上走，大部分的时间是访古。

古埃及文明是一个特别古老的文明，从诞生到现在已经有5000多年的历史。大家可能马上会想到，我们中华文明的历史也是5000多年。这里所说的古埃及文明5000多年的历史，是从它有文字、有记载开始的。

这涉及一个特别有意思的概念，什么叫历史？过去发生的一切都成了历史，这是一般性的概括。严格地讲，是过去曾经发生的事情，被人们用文字记录下来之后，成为历史。因此，我们说人类最早的历史起源于公元前3200年左右，地点为现在的伊拉克两河流域的南端，古代称之为苏美尔文明。接着，在100年之后，埃及尼罗河畔诞生了另一个伟大的文明，那就是古埃及文明。古埃及文字诞生可以追溯到公元前3100年左右，它和两河流域的楔形文字诞生的时间几乎是相同的，相差几十年。因此我们说这是整个人类历史的源头。

　　这么看的话，我们能够用文字记录自己历史的时间大约在公元前1600年，也就是商朝甲骨文开始出现的时候。于是，人们可能会产生这样一个概念，随着考古的深入，越来越多的文物被挖掘出来，越来越多的文字被考证出来，我们的历史是不是可以向上追溯？这是有可能的，但可能性不是很大。因为我们说的文字是指已成体系的文字，它可以完整地记录一种语言。我们说的语言被写成文字，实际上是指一个文字体系。在这之前有没有文字符号呢？肯定会有，但是那个时候的文字符号只是一种符号，而文字体系没有诞生。文字体系在诞生之后一旦被确定下来，就很难再向前推了。

　　也就是说，古埃及的文字在公元前3100年诞生之前，是一种文字符号，那是符号的诞生，而不是文字的诞生，所以埃及的历史可追溯到公元前3100年。古埃及的语言现在已经消失，没有任何一个民族、任何一个国家再使用这种语言，因此，它已经成为一种"死去"的语言，我们再想读懂就非常困难，古埃及的文字也几乎没人认识了。当然，后来以商博良和托马斯·杨为代表的一些天才的学者，在努力之下终于破解出这种语言的含义，我们才能够读懂用这种语言书写下来的文字。这时我们才开始真正理解古埃及大量神秘的事件、神秘的图画、神秘的雕塑以及神秘的文字。

古埃及象形文字

被称为"埃及学之父"的法国学者商博良

　　因此，对于古埃及，我们不仅要看到它留下了什么遗迹，还要懂得这样的遗迹究竟传达的是什么意思。除此之外，还有什么能够更加吸引我们，而不仅仅让我们把对古埃及的认知停留在那些口口相传的内容上，例如"金字塔是外星人造的""古埃及的文字是假造""古埃及的很多东西都是假的"，等等。

　　有很多人问过我这样一个问题，"有人说古埃及都是假的，埃及的金字塔都是假的，是这样吗？"我就回他们一句话，我说你只要能回答我一个问题就可以了。什么问题呢？古埃及的金字塔有大有小，现在能够找到并存在的金字塔有110多座，而不是仅仅几座。其中，大的金字塔由200多万块石头组成。我们没有办法统计出准确的数字，如果要统计的话，就必须把金字塔拆开，而这是不可能的。我们只是大约计算，最大的金字塔有200多万块石头，小的也有几十万块石头。由这些石头放在一起而建成的一座建筑，你们说造假，我想问哪块石头是像你们说的那样，用水泥造出来的？

我们走进埃及，要想了解古埃及的文明，需要做什么呢？作为学者，需要多年的积累、学习和研究才能够对古埃及文明有一定的了解。作为一般的爱好者，也并非没有捷径。如果到埃及走一趟之后，能够把那些众说纷纭的复杂故事，包括刻写在神庙的墙壁上、金字塔和陵墓内部墙壁上的壁画、浮雕，甚至是文字，一眼看明白，一切都搞懂，就需要我们掌握一项特别重要的技能。

埃及有很多神秘的东西需要我们深入理解，还有一些重要的内容需要我们有一个直观的印象，只有这样，我们才能把古埃及文明看得深、看得透。

一、埃及博物馆

我们去埃及可能会有两条路径，一条是从北京直接飞往开罗，另一条是从上海、广州等地直接飞往开罗或卢克索。无论选择哪条路径，都不可能避开一个重要的地方，就是我们一定要去参观的位于开罗的埃及博物馆。*

埃及博物馆　　　　　　　　　一层大厅为史前文物展示区

---

* 埃及博物馆近年来面临展厅陈旧、空间不够、改善珍藏文物保护等方面的严峻挑战。目前已经达到"极限"的展厅仅能容纳 8 万件文物展品，其余 8 万件文物长期"沉睡"在非常拥挤的储藏室内。于是，埃及兴建了一个全新的国家级"大埃及博物馆"。"大埃及博物馆"位于吉萨大金字塔西北 3 公里的沙漠高地，占地 117 费丹（1 费丹约 1.038 英亩），它可以科学地陈列 15 万件文物，使埃及很多珍贵文物有了得到妥善保护的新家，还使原来长期"不见天日"的珍贵藏品得以展示。"大埃及博物馆"开放时，埃及博物馆的文物将陆续从开罗迁往新馆。

　　这里是世界上古埃及文物收藏和展出数量最多的地方，约15万件的展品，还有约3万件没有展出来的藏品。

　　我们走进埃及博物馆，博物馆一层展品陈列是按照顺时针方向、从古到今这样的一个历史顺序安排的。进门之后一直往里走，是史前的内容，也就是古王国之前的内容。

　　我们能够看到什么呢？首先映入眼帘的是两个人的巨大雕像。这两座雕像在一层大厅的尽头，也就是史前史时期展厅的尽头。尽管这两座雕像不属于这一时期，但是由于雕像特别宏伟，因此被放在这个地方，作为标志性的雕像出现。这两座雕像是谁？左侧的雕像显然是一个法老，他究竟是哪一位法老？右侧的女人则是他的王后，她又是哪一位王后？

　　走近看，底下有小标牌告诉我们这是阿蒙霍特普三世的雕像，另一侧是他的妻子泰伊的雕像。但是阿蒙霍特普三世究竟是谁，是哪一个王朝的法老，究竟在埃及的历史上属于早期、中期还是晚期？一般的法老不仅仅有一位妻子，那么他旁边的妻子究竟是一个什么样的人？因为在古代埃及的文化传统中，并不是法老的每一位妻子都会被雕成同等身材的雕像放在身边，能够被雕成同等身材并放在身边的，一定是这个法老最为宠爱的一位妻子。如果我们不知道阿蒙霍特普三世是谁，我们一定知道他的儿子，被称为古埃及宗教改革家的埃赫那吞。他们都是第十八王朝的法老。

　　这个雕像究竟是不是他的妻子？或者说是不是他的第一个妻子，就是我们概念中的正宫娘娘，我们怎么可以知道呢？这就需要知道一些其他的知识，比如说古埃及历史的框架，比如说她的雕像上是否会刻有一些铭文，等等。如果这样的话，即

新王国时期阿蒙霍特普三世
（前 1390—前 1352 年）
与妻子泰伊的雕像

使没有这个标牌，我们也能知道这个雕像究竟是谁，她背后到底有什么故事。

2018 年，我到埃及去考古，这是中国在埃及的第一次考古。我在一座神庙的残垣断壁上看到了阿蒙霍特普三世，也就是这个法老，刻写在那个地方的铭文中居然提出了对阿吞神的崇拜。过去，人们一直认为埃赫那吞是一个宗教改革家，是他第一个将阿吞神定为埃及唯一的主神，然后排斥其他的神。但是在当时，我看到的是阿蒙霍特普三世也崇拜阿吞神，这是一件很有意思的事情，有点儿颠覆我们的认知。因此，我们需要懂得一点历史，至少懂得关于他们的神、他们的文字以及他们的历史框架。

一进入埃及博物馆，在史前史时期展区能够看到一件特别重要的文物，就是有名的纳尔迈调色板。图中所示是调色板的正、反面，右侧是调色板正面，为什么呢？图案中间有两个神兽围成的一个圆环，一个圆形的凹槽，这个地方是干什么的呢？是磨颜料、调颜料用的。我们暂且不管这个调色板究竟是用来化妆还是画画，或者后来这个调色板已经变成了一个礼

纳尔迈调色板

（高约 64cm，宽约 42cm；约公元前 3000 年；出土于希拉康坡里斯，荷鲁斯神庙；
奎贝尔于 1894 年发现）

器，它所刻画的内容，却让我们、让历史学家、让考古学家、让那些埃及学家们了解上、下埃及第一次统一为一个国家的事件。是什么事件？是谁来完成的？就是由这件文物确定下来的，所以了解古埃及文字特别重要。如果我们没有一点儿历史的知识，没有一点儿文字的知识，以及关于考古的知识，对于这样的一件文物，我们也只能是大概地看一看，知道它是一个很早的调色板而已。

　　纳尔迈调色板是众多文物中的一个重中之重。要想理解这些文物背后的意义，我们需要一些能帮助我们走进古埃及的背景知识，不仅仅是走得比较近，而是真正走进古代埃及文明，我称之为理解古代埃及文明的钥匙。

　　埃及的文物流落于世界上很多著名的博物馆，比如德国柏林博物馆重要的镇馆之宝之一，就是内弗尔提提半身雕像，被誉为古代世界最美丽的女人的雕像。

　　这件雕像如果放在埃及，它不可能成为埃及最著名的一件文物，因为埃及的著名文物太多了。

　　从纳尔迈调色板再往前走，看到这一组三个人的雕像，他们是谁？

德国柏林博物馆镇馆之宝：
内弗尔提提半身雕像

11

曼考拉王三人组雕像
（出土于吉萨，曼考拉河谷神庙；
第四王朝；曼考拉统治时期，
前 2532—前 2503 年）

　　左侧雕像头上顶有牛角，上面还有一个圆盘；右侧雕像头顶刻有旗帜和阿努比神的形象。中间的这一位，因为他戴着法老的王冠，所以我们知道这是古埃及的一个法老。那么两边的是不是他的妻子，是不是他的王妃呢？

　　不是，这两边的是神。是什么神？为什么我们说她们不是他的妻子，这一切判断都需要我们有一些背景知识。曼考拉是第四王朝的一位法老，是胡夫法老的孙子。

拉霍泰普和内弗尔特的雕像
（出土于美杜姆，拉霍特普玛斯塔巴；
斯诺弗汝王时期，
前 2613—前 2589 年）

　　我们再看上图的这两座雕像。关于这两座雕像的故事也特别多，他们是夫妻。左侧的雕像不是法老，因为他没有戴法老的王冠，也没有其他法老的标志在他的身上出现。但是这个人特别重要，为什么？不是因为他的装束与别人不完全相同，而是他的胡子。埃及人很少留有这样的胡须。

　　埃及人一般是不留胡须的，下巴也几乎不留胡须，因为在埃及人的观念中是把它剃光，身上的体毛都剃光，要干净，这是一种敬神的表示，叫净化。但是他们在重要的场合要戴假发，同时还戴假胡须。当然，假胡须并不是每个人都可以戴的，只有法老才有资格戴假胡须。胡须底端是圆弧形的，表示这个法老还活着；胡须底端成平直的，表示法老去世了。

因为法老去世之后变成神了，所以胡须底端是平的，并且向上卷一点儿。我们广东话说一个人死了，叫翘了辫子，但是埃及法老要是死了就成了神，死了是翘了胡子。这个雕像的胡子是翘起来的。因此，我们说戴假胡须者其实不是人，他是一个神。

图中左侧这个人非同小可，为什么呢？因为他有一个哥哥特别有名。关于埃及，有两件事情一定要知道，一个是金字塔，另一个是法老。法老里面谁最有名呢？我们第一个想到的就是胡夫，因为胡夫的金字塔最高大。

这个人是胡夫的弟弟，叫拉霍泰普。怎么知道他是拉霍泰普？怎么知道他是胡夫的弟弟？又怎么知道他是法老的儿子？另一侧的雕像是他的妻子，她有一个特别有意思的名字，在古埃及特别流行的名字，叫内弗尔特（Nefert）。之前说的柏林博物馆的镇馆之宝，那个半身像被誉为古世界最美的女人的名字与这个名字读音很像，她是第十八王朝的一位法老埃赫那吞（被称作宗教改革家）的妻子，叫内弗尔提提（Neferititi）。如果我们再多了解一点儿埃及，就会发现古埃及有太多的女人叫内弗尔什么什么的。第十九王朝一位伟大的法老——拉美西斯二世，他最宠爱的一个妻子就叫内弗尔塔瑞（Nefertari）。为什么古埃及有这么多的女人喜欢用这样的名字呢？因为在古埃及的语言中，"内弗尔"是美丽的意思。内弗尔特是什么意思呢？就是美女的意思。我们现在经常听到有人叫女士"美女"，在古埃及，他们一定喊"内弗尔"，所以拉霍泰普的妻子就叫了这样的一个名字。

我们如何知道他是胡夫的弟弟？这对于一个古埃及的学者来说特别简单。因为这个雕像的后边有文字，文字告诉我们了他叫什么名字，他是谁。要弄清楚他的来历是不是很难呢？很难，这需要读大量的埃及文献。但是，如果想简单地判断一个雕像、一个人物、一个壁画里边的人物是谁，叫什么名字，是哪个朝代的，围绕他有什么故事，对于我们普通人来说也没那么难。难的是有人告诉你这个秘诀在什么地方。

我和大家分享一点这么多年的体验，不是教学，而是让一般的人能很快地拥有这把钥匙，希望大家以后到埃及，能像埃及学者一样地看待古埃及的这些文物。

我们再往下看，有一个非常漂亮的壁画，出自美杜姆，是古埃及的一个遗址。这是公元前2600多年建造的一个陵墓。在距今4600多年的陵墓里面出现的一幅壁画，画得如此栩栩如生，非常吸引人。六只鹅分成两组，对称排列，姿势一样，像是镜像。两组镜像排列的六只鹅通过身上的色彩和羽毛的描绘而不显得呆板。

美杜姆的鹅
（出土于美杜姆，斯诺弗汝儿媳妇奈费尔玛亚特玛斯塔巴墓；
第四王朝，斯诺弗汝王时期，前 2613—前 2589 年）

接着，我们可以看到《亡灵书》。我们经常说的埃及的纸草，古埃及语称"迪特"，纸草既指这种纸，又指这种植物，所以我们一般把它称为草纸，古埃及语称"阿瑞特"。这个草

埃及《亡灵书》

纸的文献特别重要，就是大家熟悉的《亡灵书》，有人把它译为"死者之书"，有人把它直接译为古埃及语的名字，即《每日前行之书》，通向永恒循环之路的指导之书。向什么地方前行呢？就是如何进入另外一个世界，如何一步一步地走向永恒，走向每日两界循环的永恒之旅。

很多陵墓里发现的《亡灵书》里除了文字，都有类似的图画。上图是比较全的一幅图画，应该是埃及陵墓里出现得最完整的一幅图画。

这幅图画描绘的是一场审判，叫"最后的审判"。图画中间有一个巨大的天平，一边放着一根羽毛，另一边放着死者之心，在称量。如果这个心过重，就会被边上的一个四不像的巨兽吃掉。这个巨兽是三种动物的组合：鳄鱼头、狮子上半身和河马下半身。

"最后的审判"的原形来源于古埃及的丧葬仪式，也是古埃及的一个神话传说。奥西里斯作为一个判官在这里出现，他前面有阿努比斯，豺狗之头的阿努比斯神会把死者领到这个地方，然后托特神作为书吏之神进行记录。整个审判的过程是这样的。我们怎么理解这个过程？这也需要我们对古埃及文明有基本的了解才可以做到。

下图所示是一个假门，为什么要有假门？假门边上刻有铭文，这些文字写了些什么？为什么这个人物要从假门里面出现呢？

伊太提的假门墓碑

（出土于萨卡拉，伊太提姆；第六王朝早期，前 2345—前 2181 年）

第十八王朝阿蒙神庙的监督人、
国王之女娜芙瑞的导师
塞南穆特蹲在地上，
双手将娜芙瑞拥在怀中，
其长袍遮盖了两人的身体

　　这个雕像非常有意思。它是什么雕像呢？我们称之为方体雕像。它很有现代感，一个人的头从这个方体当中露出来，四周刻有铭文。这样的一个雕像在那么早出现，最初的想法究竟是什么？是为了艺术还是为了实用？什么样的人物可以在这样的雕像中出现？有没有法老？有没有察提（这是古埃及语，我们现在称之为宰相，西方称之为维西尔），或者说有没有平民？还是只有祭司才有这样的身份，可以在这样的雕像中出现？这些雕像究竟放在什么地方？是放在神庙里，还是放在他的陵墓里，还是供在自己的家里？究竟是什么样的情形？

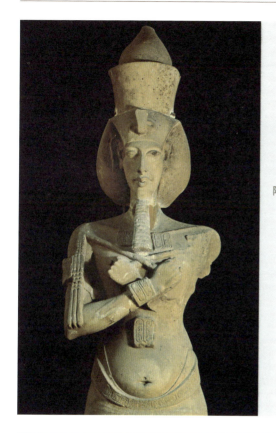

阿蒙霍特普四世／埃赫那吞像
（卡尔纳克，阿吞神庙；
埃赫那吞时期；
前 1352—前 1336 年）

　　这是一个法老无疑了。但我们是不是感觉这位法老有些奇怪，他的头那么长，嘴唇那么厚，身材又有点儿像一个丰满的女性。他其实是一个法老，是一个男性，为什么会这样？他的真人究竟什么样？长相是这样的吗？

　　这一切疑问要想得到很好的回答，需要我们有一把了解古埃及文明的钥匙。

再看下图，这是凯诺匹克罐箱，箱子四周各有一个女人，其实是女神，是什么样的女神护佑着这个箱子？这个箱子到底是做什么用的？里边到底装了什么？

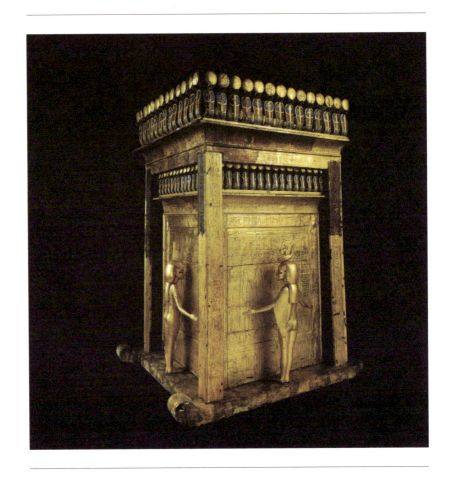

凯诺匹克罐箱

[图坦卡蒙（前 1336—前 1327 年）第十八王朝，凯诺匹克罐是为了分开安葬主要脏器而设计的，它是装配木乃伊内脏的，是棺木必不可少的部分。]

下图是一个王冠，王冠下是一个鹰头，这代表着什么？

鹰王冠
（出土于希拉康坡里斯，
荷鲁斯神庙；第六王朝，
前 2345—前 2181 年）

　　拉美西斯二世与荷鲁斯神的雕像是开罗博物馆最有意思的雕像，它非常高。我去过很多次开罗博物馆，每次在这儿，我都会停留一会儿，站着比一比，我的身高在什么位置呢？基本上在这个小孩的手握着这个植物的上边这个位置。当然，它底下还有一个座儿。显然，它是一个非常高的雕像。这个雕像的秘密之处在什么地方？西方的埃及学者称它为"瑞巴斯"（rebus），英语译为"画谜"，一个图画里边藏着谜语。

拉美西斯二世与荷鲁斯神的雕像
（出土于塔尼斯，阿蒙神庙附近；
第十九王朝，拉美西斯二世时期，
前 1279—前 1212 年）

　　是不是这样呢？是这样的。这个雕像后面是一只鹰，鹰是
王权的保护神，叫荷鲁斯神。

　　这个小孩头上戴着的是什么？是一个圆盘吗？圆盘象征
着什么？象征着太阳，古埃及人崇拜太阳。有一个最古老的国
家之神叫拉神，这个圆盘就是"拉"。这个小孩的形象非常典
型，在埃及所有的雕像和图画里，如果画一个小孩，往往在他
的头发的侧面都画一个小辫，这是小孩的标志。但是这个小孩
左手还握着一株植物，这里边的含义就比较有意思了。我们仔
细看，可能并不明白为什么要这样组合。为什么呢？鹰是王权

的保护神，那么这个小孩至少是一个王子，有可能是一个法老，或是一个国王，头顶的太阳圆盘读作"ra"，就是我们说的拉神；小孩在埃及语义里读作"mes"；而手里握的这株植物，读作"su"；加在一起，就叫"ra mes su"。如果我们查一下古埃及法老的名字，就会查到若干个叫"拉美西斯"的法老。其中最伟大的一位是拉美西斯二世。那么，这个雕像隐藏了一个名字，就是拉美西斯。而唯有拉美西斯二世，在他统治20多年的时候，特意把他的名字变成拉美西苏，所以这个雕像显然是拉美西斯二世，第十九王朝最伟大的一个法老。

将拉美西斯二世做成这样的一个雕像，里面充满了隐喻，暗含的名称即拉美西斯，所以很精妙，也很有意思。如果我们没有理解古埃及文化的钥匙，就很难看出来。我们从那儿经过也许会拍一张照片，仅此而已。

顺便提一句，我们去埃及，如果想在博物馆里拍照，要买拍照票。博物馆过去是不允许拍照的，现在允许拍照，但是要提前买拍照票，然后才能拍摄每一个文物。

二、古埃及的金字塔

金字塔到底是怎么回事？这个也需要了解。在吉萨、萨卡拉、达赫述尔以及美杜姆，我们可以看到太多的金字塔，其中包括阶梯金字塔、弯曲金字塔，还有大金字塔。

这么多金字塔，其精妙之处到底在什么地方？金字塔的名字是怎么来的？金字塔相传是古埃及法老的陵墓，但是考古学家从没有在金字塔中找到过法老的木乃伊。金字塔主要流行于埃及古王国和中王国时期，陵墓基座为正方形，四面则是四个完全相同的三角形，侧影类似于汉字的"金"字，所以中文称之为金字塔。

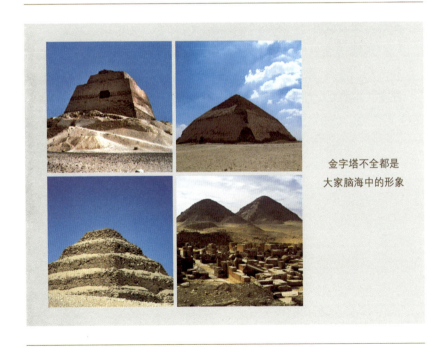

金字塔不全都是
大家脑海中的形象

　　金字塔的主要用途是什么呢？它是法老的陵寝，有保护法老的功能，是法老由人转为神的安全设施，帮助法老升往天界。金字塔具有强大的宗教目的，而古埃及法老为建造金字塔，不惜金钱、人力成本与其他代价。

　　萨卡拉的阶梯金字塔，为什么建成阶梯的呢？达赫述尔的弯曲金字塔，为什么弯曲了呢？世界上第一座真正意义上的金字塔是哪一座？

萨卡拉的
阶梯金字塔

达赫述尔的
弯曲金字塔

三、古埃及的神庙

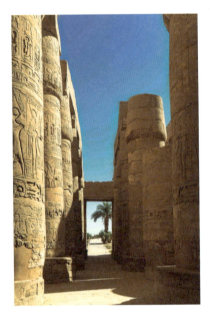

恢宏的卡尔纳克神庙

　　我们再往下看看神庙。古埃及遗址中能够看到很多神庙，尤其埃及南方的神庙更为宏伟壮观，特别是卢克索的卡尔纳克神庙。这是由10个塔门，也就是至少10个神庙综合建筑勾连在一起的、巨大的神庙综合建筑群，非常漂亮。里边有那么多的巨柱，代表的是什么？为什么有这样的巨柱？巨柱上面有浮雕、有王名圈，还有法老向神献祭的浮雕场面。究竟是向哪个神献祭？为什么会是这样？这一切都需要我们有一个更深入的了解。

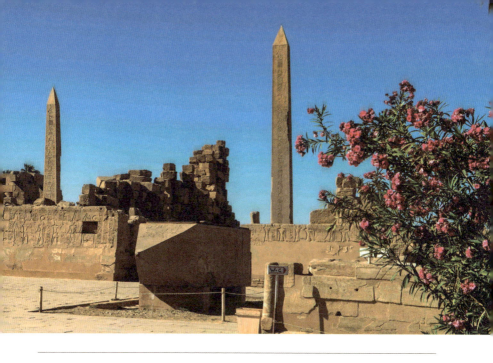

卡尔纳克神庙的方尖碑

这是方尖碑。方尖碑到底是做什么的？再有，一进卡尔纳克神庙就会看到一个巨大的雕像，它是拉美西斯二世的雕像。让我们大惑不解的是，这个雕像的两腿之间有一个小人，这个人究竟是谁？为什么这个人和这个雕像相差这么大？

这是卡尔纳克神庙多柱厅的柱子，这些柱子上都刻着一圈一圈的浮雕和铭文，再下边还有这样的符号。有

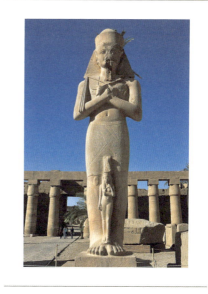

拉美西斯二世雕像

27

一年在这个地方考古的时候，我跟他们开玩笑，说下边这个符号单独列出来，在我们看来像是什么呢？有人可能会说这是火锅。是不是有点儿像啊？它肯定不是火锅，那究竟是什么？为什么要一排一排地画出这样的符号呢？

卡尔纳克神庙的神柱

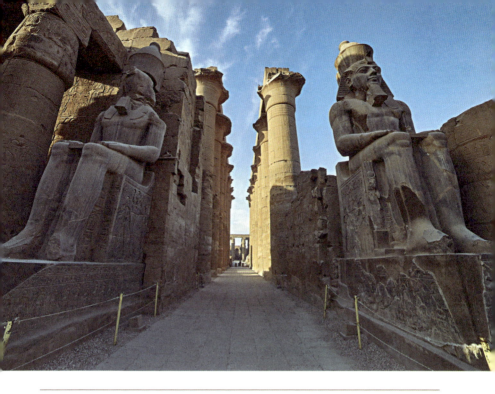

卢克索神庙

卢克索神庙拉美西斯二世雕像

在卡尔纳克神庙2.5公里之外有一座神庙，叫卢克索神庙，这是座单一神庙，也是非常壮观，可以看到其中一座非常大的雕像，在雕像的座椅上，我们能够看到两个人系着一株植物，植物中间还有一根细细的长柱子，底下有一个心形图案。我们在所有的法老雕像的座椅边上都能发现同样的图案，为什么？

哈特舍普苏特神庙雕像

　　还有哈特舍普苏特女王，被我称作"古埃及的武则天"的一个女王，统治时间20年。在古埃及最为鼎盛的时期，她是非常伟大的一位女法老。在她的神庙里，这么多的雕像都是她自己。她的双手放在胸前，为什么要交叉在胸前？一只手拿着钩子，另一只手拿着链枷，这又是为什么？我们也会在很多埃及的石棺上看到像这样的雕像，特别是人形棺上有同样的动作，这究竟代表了什么？

　　还有这块石头，这也是我拍的照片，在什么地方呢？在卢克索卡尔纳克神庙附近的一个露天博物馆，那个地方有好多不同时期的雕像，甚至是小神龛。这是其中的一块石头。那么，这上面的浮雕有什么含义？

卡尔纳克神庙博物馆石雕

　　这是宏苏神庙，被誉为最美丽的神庙，为什么最美丽呢？因为里边的壁画保存得最为完美，非常漂亮，颜色也特别鲜艳。因为它的屋顶一直没有遭到破坏，阳光照射不到，加之那

宏苏神庙中的壁画

个地方又干燥，所以颜色保存到现在还特别美丽。

壁画里，一个人要把一个斯芬克斯献给另外一个人，这究竟代表了什么？上图中有个身材曼妙的女人长着一只狮子的头，顶着一个太阳的圆盘，太阳的圆盘前边还露出一个蛇的头，后边是一个蛇的尾。这到底代表了什么？

综上，我们要想看明白这一切，一定要对古代埃及历史文化有基本的了解。我一直在摸索这样的道路，让大家在很短的时间内掌握基本的知识，再去埃及，就至少不会像一名普通的游客那样观看古埃及的遗址和文物。我觉得这是我作为一名埃及学者的义务之一，应该跟大家分享一些知识，教大家如何走进古代埃及。

02

第二部分

打开古埃及
文明史的密钥

我觉得有三个基本的东西，我称之为密钥，我们应该知道。知道了之后，相信会对我们更好地理解古埃及的文化文明有很大的帮助。一个是古埃及的历史，一个是古埃及的形象，还有一个是古埃及的文字。

古埃及的历史，每一位法老、每一个王朝的历史大变迁，从第一王朝开始，一直到最后的第三十一王朝，然后是托勒密王朝，再到罗马人的统治，时间跨度3000多年，我们不可能讲得那么细，但是可以大体上把握古埃及历史的大势，而且能够很容易地把握。尽管有那么多的王朝，那么多的法老，那么多的故事，但简单地说，古埃及有一个历史的框架。除此之外，我们还要了解古埃及最为重要的一些法老，以及法老与民众之间的关系。

我们并不是简单地走进古埃及的象形文字，而是要走进古埃及的神。因为在所有的图画里，我们看到最多的是神。我们应该怎么判别一个神是谁？根据什么来判别？这个特别重要，也没那么难。

之后是古埃及语言文字，要想掌握这种语言和文字，没有五六年刻苦学习的功夫是很难实现的。但是对于那些基本够用的知识，我想大家上一次课就足够，希望大家可以很好地掌握这些知识。

一、古埃及的历史

（一）历史框架

古埃及的历史复杂不复杂？非常复杂。但简单地说，古埃及的历史分为这样几个阶段：古王国、中王国、新王国。

再简单一点，我称古王国为古代埃及历史上的金字塔时

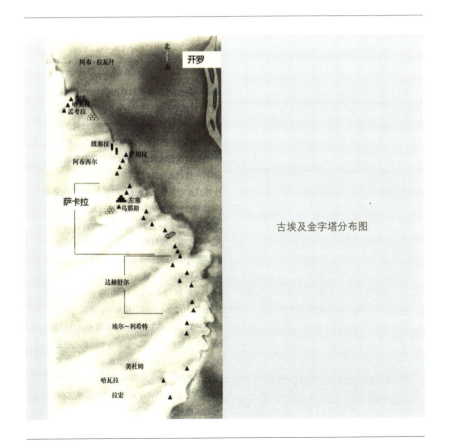

古埃及金字塔分布图

期，我们现在看到的最为重要的金字塔，几乎都是古王国的遗迹。佐塞尔王是第三王朝最伟大的法老，也是阶梯金字塔的建造者。第四王朝的第一位法老斯诺弗汝最少建造了三座金字塔。第四王朝特别有名的一位法老胡夫在吉萨建造了大金字塔，他的儿子哈夫拉，在大金字塔旁边建造了那座前面有大斯芬克斯的金字塔。古王国时期所有的法老，几乎都与金字塔相关，所以我称之为"金字塔时期"。

中王国是什么时代呢？我称之为古典时期。并不是说这个时期特别古老，而是它最为经典，包括第十一王朝后半期和第十二王朝。以这两个王朝为主的王朝给后人留下了最多的东西是什么？是文学。古埃及的文学作品体裁非常丰富，神话、传记、长篇故事等都很多，如《能言善辩的农夫》《两兄弟的故事》《遇难水手》《西努亥的故事》等。那么多的长篇故事，可以说是人类最初的小说，还有爱情诗篇及其他一些文学作品，都是这个时期留存下来的。因此，我称这一时代是古埃及历史上的古典时期。

新王国，我称之为帝国时期。为什么呢？因为这一时期的埃及疆土最大。南到苏丹，苏丹那个时候称作努比亚，被埃及占领了，是埃及的势力范围；北到古代的叙利亚，也都是埃及的势力范围，至少是埃及的殖民地。东西呢？东部有西奈半岛，除了有一些贝都因人在那儿游荡，基本上在埃及的控制内。西部有利比亚人，古代利比亚人尽管经常侵扰埃及，但是在新王国时期，没有对埃及构成太大的威胁。所以，新王国被称为一个特别重要的历史时期，也就是帝国时期，我想是合适的。更何况，几场人类历史上特别重要的早期战争都是在新王国时期发生的。比如有一场战争是拉美西斯二世和赫梯人打的，这场战争的结果是签订了人类历史上第一个和平条约，后称之为"银板条约"。"银板条约"的复制品现在还在联合国总部挂着呢。

帝国时期的法老能征善战，其中有两位伟大法老最为能征善战：一位是第十八王朝的图特摩斯三世，被称作"古代埃及的拿破仑"；另一位是十九王朝的拉美西斯二世，被称作"拉美西斯大帝"。两个称呼都是现代人的赞誉，显然后人对这两位法老的文治武功多有赞许。

说到埃及的历史，这三个时期算是最为重要了。尽管后来还有一个晚王国的时期，但晚王国属于埃及开始走向衰落的一个时期。因此，只要记住古王国、中王国、新王国，埃及的历

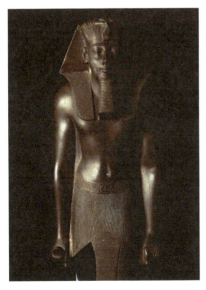 

图特摩斯三世雕像　　　　　　拉美西斯二世雕像

史大体上就可以勾连起来了。因为我们毕竟不是历史学家或埃及学家，故无须把古埃及历史的每一个朝代都记得那么清楚，大体上记住这三个时期就可以了。这三个时期是古埃及历史的黄金时期。

当然，如果要更好地串联起古埃及的历史，还有几个时期必须知道。什么时期呢？有三个中间期。古王国和中王国之间有一个混乱时期，这个时期叫第一中间期。中王国和新王国之间出现了第二中间期。这两个时期，整个国家统一的统治消失了，诸侯割据形成了混乱的局面，很多王朝同时存在。

第二中间期还有一个特别引人注意的现象，就是埃及第一次被外族人统治了。是什么人呢？喜克索斯人。喜克索斯人是什么人呢？我们不知道。有研究认为，喜克索斯人有可能是迦南人，也就是古代的希伯来人。

为什么叫喜克索斯人呢？喜克索斯是古代埃及的语言，音译名，意思是"外国的统治者"。没说喜克索斯人究竟归属哪一个民族，如果是希伯来族，这个故事就很有意思了。

第十五王朝和第十七王朝是一个混乱的时期，第十五王朝在北方，但是南方有第十七王朝。第十七王朝前的南方还有个第十六王朝，臣服于北方的喜克索斯王朝。第十七王朝有一位伟大的法老叫塞肯南瑞·陶二世，这是我们后来对他的称呼。他是要向北方的第十五王朝，也就是北方的喜克索斯人的统治者进贡的。在进贡的开始阶段，双方关系还是挺好的。但有一天，第十五王朝的法老阿波菲斯，召集群臣说：我想给南方的法老写一封信，羞辱羞辱他。大臣们说这好办，就出了一个主意，写信给第十七王朝的法老，这样写，你们要管好你们池塘里的河马，河马的叫声让我们睡不着觉。这可能吗？这是不可能的。因为第十七王朝，就是现在的卢克索，距北方第十五王朝的首都阿瓦瑞斯有1000多公里。河马的叫声怎么可能在晚上传到1000多公里之外，让另外一个城市的人睡不着觉？这显然是一种侮辱，一种欺凌。

信送过去了，第十七王朝有很多人说我们忍了吧。但塞肯南瑞·陶二世是一位性情刚烈的法老，他一怒之下开始与北方进行了一场旷日持久的战争。自己战死了，他的大儿子卡摩斯也战死了，他的二儿子阿赫莫斯临危受命继续作战，最终把喜克索斯人赶出了埃及。

在希伯来人的历史上也有一个传说，由于希伯来人在埃及受到埃及法老的压迫，有一位希伯来人的首领，最后在西奈山受到了神对他的指引，他带领希伯来人逃出了埃及。在《圣经》里，这个故事叫"出埃及记"。这是一个非常有意思的故事，历史各说各的，我们现在也无从考证。

第三中间期是什么时候呢？它是新王国衰落之后，进入的下一个阶段，是第三中间期。第三中间期再次出现了混乱。第二十二王朝是利比亚人入侵之后建立的王朝。第二十五王朝是努比亚人，也就是现在的苏丹人，入侵埃及建立的王朝。一直到第二十六王朝，在亚述人的帮助下，埃及人重新建立了自己的王朝。然后是波斯人两次入侵，接下来是希腊人进来，亚历山大率领的军队来到了埃及，然后古埃及的历史没有了，进入了托勒密王朝时期。托勒密是亚历山大的一个部将，亚历山大去世后，三分帝国，托勒密就来到了埃及，建立了托勒密王朝。这一时期过去之后，罗马崛起，埃及变成罗马的一个行省。这个时候，古埃及的文明彻底地消失了。

古埃及历史就这么简单：古王国、中王国、新王国，第一中间期、第二中间期、第三中间期，然后开始衰落，最后外族入侵，古埃及的历史消失。古王国是金字塔时代，中王国是文学兴盛的时代，新王国是帝国时代（也就是它的鼎盛时期）。这是古埃及历史的框架。

（二）古埃及法老

除了历史框架，我们还要对法老有所了解。有一个问题，古王国的法老叫什么名字？除了我们比较熟悉的胡夫，其他的法老我们并不是十分熟悉。中王国的法老叫什么名字？新王国的法老又叫什么名字？这里面有规律，这是我们作为要理解古埃及文明钥匙的一个内容。

为什么要对法老有所了解呢？无论在埃及看到什么文物还是遗址，我们首先要知道它是什么时代的？最简单的办法是能够看到介绍它的文字。下文会告诉大家如何认识文字，用不着认识那么多，认识几个人的名字就可以了。

法老的名字是用埃及的象形文字刻写的。好不好认呢？比较好认。如果认识了，就知道这个遗址或者文物属于谁，再一查就知道它是第几王朝的，是公元前多少年到多少年的，这样推算就知道了大约距今多少年。在考古学，这叫断代。我们一边游览，一边断代，这样会更好地理解古代埃及。

简单地说，法老的名字一般有五个头衔也可以说有五个称呼或五个名号。第一个头衔是什么？是荷鲁斯。一提到法老就会提到荷鲁斯。荷鲁斯是一个神，以鹰的形象出现。荷鲁斯神是王权的保护神，因此每一个法老都被称作现世的荷鲁斯。第二个头衔叫内赫贝特和瓦杰特两女神名，分别是上、下埃及法老的保护神。第三个头衔是金荷鲁斯，代表着荷鲁斯神战胜塞特神，又有黄金护佑的意思。第四个头衔是法老的登基名字。第五个头衔是出生名。

　　还有一个特别有意思的现象，同一个朝代的法老的出生名往往一样。这样我们就知道为什么有这么多的拉美西斯：拉美西斯一世、拉美西斯二世……一直到拉美西斯十一世。因为几世是后人加上去的，我们怎么分辨谁是谁呢，这个时候需要看另一个名字，就是登基名。出生名不可能都一样，所以两个名字加在一起，我们能够准确地判断其究竟是哪一个法老。我们看一看第十八王朝第五位法老图特摩斯三世的完整名字到底有多长。

Hr kꜣ nḫt ḥꜥ m Wꜣst, nbty wꜣḥ nsyt mi Rꜥ m pt, Hr nbw šhm pḥty ḏsr ḫꜥw, n-sw-bit Mn-ḫpr-Rꜥ, sꜣ Rꜥ Ḏḥwty-ms-nfr-ḫpr(w), mry Ḥtḥr nbt mfkꜣt

　　这是什么意思呢？是"荷鲁斯，强壮的神牛，出现在底比斯城市中"，佤塞特就是底比斯，然后是"两女神，像太阳神拉一样升起在天空，她们的两个权力光辉闪闪地出现在大地之上"。然而这些都不是特别重要，特别重要的是什么？如果见到有铭文或文字的地方我们找这样的一个符号（　　），这个符号读作 nsw-bity，翻译过来是上、下埃及之王。跟着这个符号的是登基名。

　　我们往下看的内容也特别重要，叫王名圈。古埃及法老的名字到了古王国，也就是第四王朝以后，所有的法老名字都会写在一个椭圆形的圈里，后边带一个尾巴。在法语里读作 cartouche，意思是"药葫芦"。因为那个时候，法国人在进军埃及跟英国人作战的时候，用的是土枪，我们称之为洋枪，火药是从枪口塞进去的。火药保存在什么里呢？放在一个葫芦里，这个药葫芦就是椭圆形状的。法国人到了埃及后，看到墙上有那么漂亮的图画，其实是文字。他们也感觉到这可能是很神秘的文字，其中有一些像药葫芦一样的图画，就称之为cartouche，现在称之为王名圈。我们现在知道它里边写的是王名，那个时候法国人不知道。

第一个，凡是出现 ，后面接的就是我们熟悉的这个法老登基名字。这个登基名字是什么呢？我们从第二个开始读，为什么呢？这里有一个敬神的原则，第一个是拉，是太阳神，必须写在前头。后边是一个建筑的一面墙，读作 Men。Menkhepre，这是第十八王朝的一位法老，是他登基时候的名字。再往下是他出生的名字。我们再找这个 ，凡是在这个王名圈里的都是他的出生名。这只鸭子读作 sa，儿子的意思。sa和ra加在一起意思是"拉神之子"，也就是"太阳神之子"。"太阳神之子"是每一位法老的出生名字。

接下来，我会告诉大家一些重要名字的读法。 读作Dhwty，后面这个符号是不用读的，实际上是起到赞美的作用。前面是他的名字，Dhwty-ms，被希腊语音译，再到英语，最后被译成汉语时音译为图特摩斯，所以它是图特摩斯三世法老的名字。这个完整的名字比较长，告诉了我们什么呢？那就是我们都要找这个王名圈，分辨出哪个是登基名，哪个是出生名。

二、神名、王名与王朝的关系

我们要想解开谜一样的古埃及文明，除了要掌握大体的历史框架，还要知道王名是什么，王名、神名与王朝有什么样的关系。

（一）古埃及的神名、王名与王朝

经常出现在法老的名字里边的，有这样的几个神：一个是拉神，是太阳神。最早出现在古埃及的赫里奥坡里斯，这个特别有意思，是希腊人给它起的名字。为什么叫这个名字呢？"赫里奥"在希腊语里是太阳的意思，"坡里斯"是城市，所以是"太阳城"的意思。为什么称之为太阳城呢？因为这个地方有一个太阳神庙，特别重要，就是拉神的神庙。拉神的神

古埃及文字中拉神的典型形象

庙里有很多的柱子，巨柱在埃及语里读作"iwn"，复数用"w"来表示，所以有很多柱子就是"iwnw"。古埃及赫里奥坡里斯这个地方的地名在古埃及语中读作"伊文努"，而希腊人称它为"赫里奥坡里斯"。拉神就诞生在这个地方。这里是古埃及第一个太阳神庙所在地。根据古埃及神话传说，世界的诞生首先发生在这里。

除此之外，埃及还有一个特别重要的神系诞生于此，我们称之为"九神系"，九个神：从阿图姆神创世之神，到泰夫努特等。有人把它译为"九柱神"没什么道理。

拉神实际上是一个鹰神的形象，这是一个典型的形象。下图几乎是拉神在古埃及的文字里所有的形象，我都列到这里了。第一个是单独的拉神；第二个后面是表意部分，前面是表音部分，一个口，一个手，读作"拉"；第三个的表意部分变成了鹰的形象；第四个表意部分又变成了太阳的形象；第五个表意部分是太阳和鹰的形象同时出现，又出现

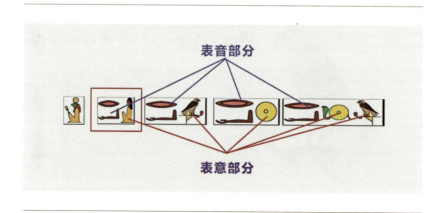

古埃及文字中拉神的文字形象

了眼镜蛇，因为眼镜蛇
与王权相关，是王权的
保护神。

　　还有一个神叫孟图
神。孟图神是埃及的一
个战神，特别是中王国
时期，孟图神得到了普
遍的崇拜。中国到埃及
的考古队第一次到埃及
考古，地点就是孟图神
庙，战神神庙，当然这
个地方很大。我考古回
来之后应《文汇报》的
邀请，写了一篇《埃及考
古日记》。

古埃及文字中孟图神的文字形象

　　孟图神的文字同样前面是发音部分，后边是表意部分。孟
图神也经常以鹰的形象出现，有的时候以豺狗的形象出现。文
字的发音，读"men""tu"，基本上就是"mentu"，我们翻
译为孟图神。

　　底比斯主神也是一个太阳神，叫阿蒙神。阿蒙神在古埃及
时期也特别重要。大家可能会有一个疑问，古埃及既然有了太
阳神拉神，为什么又出现另一个太阳神阿蒙神呢？这个与古埃
及的神的起源有关，起源不同的地方有不同的神，南方有南方
的神，北方有北方的神，诺姆（古埃及的行政区划名称）有诺
姆神，村庄有村庄神，城市有城市神，甚至一家一户都有自己
崇拜的神，这些神是不一样的。一旦"我"成为法老，那么神

以人贵，"我"崇拜的神一定可以成为国家的主神。那么，过去已经有了拉神是太阳神，但是从第十七王朝开始，底比斯变得更加重要，这个地方后来成了新王国的首都，他们所崇拜的地方神阿蒙神成为了全国的主神。

阿蒙的形象很简单，其实阿蒙神不读阿蒙，读"伊曼"，这是用一个人形表示，但这个人不一般，后面我再给大家讲。阿蒙神也是经常能够被法老取名的时候放到自己的名字里的。

古埃及文字中阿蒙神的文字形象

还有一个托特神，也是经常被放进法老名字里的。托特是智慧之神，也是书写之神，他是负责书写的。当时什么叫有文化呀？会写字。这是他们概念中有文化的托特神，也经常会被法老放在自己的名字里，是对这个神特殊的崇拜。

古埃及文字中托特神的文字形象

接下来，我们说一个特别简单的事情。这些神经常放入法老的名字，那么他与时代有什么关系？关系巨大。我讲的是最主要的内容，不太主要的现象可能碰到的机会很少，我们能够掌握这些就足够了。

第一，拉神入法老的名字很早，最为突出的是在第十九王朝，新王国的第二个重要时期，第十九王朝出现了一系列的拉美西斯，最重要的是拉美西斯二世。这个伟大的法老，寿命比较长，活了96岁，有妻妾200名，儿女156名。他在24岁登基，96岁死去，在位66年。拉神在古埃及的法老名字里以第十九王朝和第二十王朝为多。凡是拉美西斯，就往第十九王朝和二十王朝上想，大概不会发生错误。

第二，孟图神入法老的名字主要在中王国时期，叫孟图霍太普，霍太普是什么意思呢？是"令谁谁满意之人"之意。名字的全译是"令孟图神满意之人"。那么什么时候最崇拜战神孟图呢？是中王国时期。凡是孟图霍太普，我们想到第十一王朝，或者叫中王国时期，这样就不会出现大错。孟图神尽管是战神，他还有其他的功能，不仅保护军队，还保护一方的安宁。

第三个经常出现的是阿蒙神。阿蒙神这个名字主要出现在新王国第十八王朝。第十八王朝有一系列的法老叫阿蒙霍特普：阿蒙霍特普一世、阿蒙霍特普二世、阿蒙霍特普三世……阿蒙霍特普四世后来改了名字叫埃赫纳吞。阿蒙霍特普就是"令阿蒙神满意之人"。

阿蒙神还在中王国时期第十二王朝的时候反复出现过，但不叫阿蒙霍特普，叫阿蒙尼姆赫特。什么意思呢？就是在众神之首的阿蒙神。显然，这个时候是推崇阿蒙神的。

　　托特神在什么时候出现最多呢？第十八王朝。托特神又叫"斋胡梯"（Dhwty），翻译为希腊语便成"Thut"。在第十八王朝有一系列的法老叫图特摩斯（Thutmose），意思是"托特神之子"。

　　还有索贝克神等出现在法老的名字里，但是没有这么多。个别的我们不知道，分辨不出来也不要紧，知道这些足够了。只要我们一看到古埃及文物，或者一看到古埃及遗址有这样的名字，看了王名圈之后，能够读出他的名字，基本上能断定他是哪一个朝代的，然后在字母表里一查，就知道他大约是公元前哪一年的。所谓考古学家的断代，这是其中一个特别重要的方法。我们凭用这个知识可以对其进行断代，这是所有的导游都无法帮你做到的。

　　说了法老，再说说人民。人民的词汇比较多，我只想说一个，为什么呢？因为在埃及到处能够看到这样的一些图画。

　　"人民"在埃及语里叫什么呢？有很多词，但最重要的一个词读"赖希特"。词汇的表意部分，表示这是一群人。它的象征符号是什么呢？我们称之为水鸟，具体说是田凫。在埃及遗址很多的柱子上以及墙壁根部发现一排一排的装饰，有这种

古埃及文字中"人民"的文字形象

鸟的图画，它是"人民所拥戴"的含义。

到此，我们基本上对法老的名字、神名与王朝之间的关系有了一个大体把握。

关于国王的名字，还有一个王名圈出现之前的法老名字的书写之地。这个地方叫塞瑞赫（srh）。不同于王名圈，它是在第一、第二、第三王朝的时候都用的，国王的名字写在一个类似于方块的标志里。

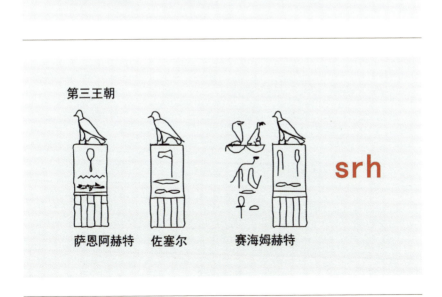

古埃及早期的王名圈（srh）

第三王朝

萨恩阿赫特　佐塞尔　　赛海姆赫特　　　　srh

第三王朝法老名字的书写方式

　　这个方块下半部表达的是一个王宫的正面形象，王宫的后边是一个院落，把它竖起来了，这个院落留有一大块空白，这个空白上所书写的内容就是法老的名字，这叫"塞瑞赫"。后来，"塞瑞赫"发展成王名圈，就变成了一个椭圆形的cartouche。因此，我们通过王名圈或者"塞瑞赫"就知道是埃及法老。只要一出现"塞瑞赫"，我们就知道他肯定是第四王朝之前的法老，是非常古老的法老，也就是胡夫之前的法老，因为到胡夫时就已经开始出现王名圈了。

　　我们还需要了解的是壁画与浮雕。在埃及，我们能够看到大量的壁画，无论是彩色的还是现在已经看不出颜色的一些壁画；还有大量的浮雕，无论是在神庙的墙壁上，还是在陵墓的墙壁上。除此之外，还有石碑，石碑上有铭文，也有浮雕，这些会告诉我们很多的内容。

　　浮雕与文字是互相映衬的。也就是说，这些浮雕描述的历史事实或者基本活动就是这些文字详细记述的历史事件，所以我们能读懂它也就可以了。在图像里边，我们怎么断定谁是谁呢。法老好断定，因为法老肯定会戴有王冠，无论是白冠还是红冠。还有一种是白冠和红冠加在一块儿了，变成统一的王冠，叫作双冠。此外，还有蓝冠，又叫战冠，也就是在战争的一些仪式上出现的。

　　除此之外，还有人物形象在图画中出现，我们怎么断定这些人物究竟是谁呢？我可以告诉大家，这些不是法老的人物十有八九是神。这就麻烦了，为什么呢？埃及的神仅《亡灵书》提到的就有1000多个，别处还有呢。《亡灵书》最早的时候是"金字塔文"，刻写在金字塔里的这些文字叫金字塔文。金字塔文发展到中王国的时候出现了"棺文"，大部分记录在

下埃及的红色王冠　　　　上埃及的白色王冠　　　　埃及统一后的双冠

棺椁的内侧、外侧等，这些文字叫棺文。到了新王国才写在草纸上，这大部分被称为《亡灵书》。从金字塔文到棺文到《亡灵书》，而《亡灵书》再往下发展，还有"门之书""洞穴之书""天之书""地之书"等。

那么多的神出现在这么多的文献里，我们怎么断定谁是谁呢？识别神就特别重要。

（二）古埃及的神系及神

我们在埃及会看到很多神庙，这些神庙是献给谁的，这特别重要。比如说阿蒙神神庙肯定是献给阿蒙神的，尽管里面也会有献给别的神的一些内容。因为古埃及的神太多了，我在这里不可能把所有的神都展现出来。但是神有主神，有次要的神。

主神大体上有几个，如果我们能知道的话就可以解决80%以上的问题。怎么能记住这些神呢？首先我们要知道神是有神系的，其中有几个重要的神系。

1. 九神系

第一个重要的神系叫九神系。九神的崇拜中心在赫里奥坡里斯，位于现在开罗的东北部，太阳之城的地方。是哪九神呢？第一个是创世之神阿图姆，他单细胞繁殖生下了两个孩子，一个叫舒，是空气之神；另一个叫泰芙努特，是潮气之神。

舒和泰芙努特生下了两个孩子，分别是大地之神盖博、天空之神努特。盖博和努特又生下了四个孩子，这四个孩子了不得，老大叫奥西里斯，老二叫伊西斯，老三叫塞特，老四叫内

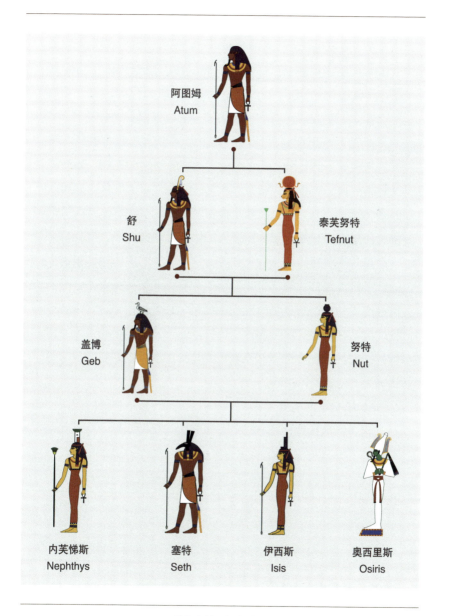

赫里奥坡里斯九神系

芙惕斯，都是赫赫有名的神。

关于奥西里斯的故事特别多。简单地说，大家知道哈姆雷特吧，他的父亲被他的叔父害死了，然后娶了他的母亲。他非常纠结，到底是夺回王权还是不夺回王权，是杀了他的叔父还是不杀他的叔父？这个故事就脱胎于奥西里斯的故事。

据说奥西里斯是人世间的第一个国王。他非常善良，被人民所拥戴，于是就引起了他的弟弟塞特对他的不满，塞特设计想害死他。古埃及人特别喜欢箱子，在他们的文化中能够看到很多箱子。有一次，奥西里斯南巡回来的时候，塞特为了迎接奥西里斯回来举行了一个盛大的宴会。在宴会上，塞特做了一个箱子，要赠送给身材正好符合这个箱子的人。这是很诱人的，于是大家都往箱子里躺，但不是长点儿就是短点儿，反正没有合适的。当奥西里斯躺进去之后，正好合适。这时候，埋伏的卫兵冲出来，就把奥西里斯钉死了。然后把他扔入尼罗河里，一直冲到地中海，又从地中海冲到了亚洲。塞特把他哥哥害死了，他就当了法老。

还有一个事情是后来出现的，不属于这九神里的故事。后来，伊西斯到处去找自己的哥哥和丈夫奥西里斯，终于在叙利亚和巴勒斯坦交界地方的一个王宫里找到了。她的丈夫已经被做成一个宫殿里的柱子了。奥西里斯是被缠进了一棵树里，然后就长在树里了，这个柱子特别美丽，因为毕竟是一个神在里边。他的妹妹和妻子伊西斯最后在那儿化身为人，在宫廷里服务，到最后跟国王说要这个柱子，国王答应后，她就拿回来藏在尼罗河的树丛里。塞特知道了，又把奥西里斯肢解成14块，扔在了尼罗河上下的埃及各处了。伊西斯与另一个妹妹内芙惕斯（内芙惕斯尽管是塞特的妻子，但毕竟奥西里斯是她大哥），她们俩将奥西里斯的肢体一块一块地找到，但是没有找到奥西里斯的阳具，于是用木头做了一个，再用亚麻布把他包裹起来，复原成一个完整的奥西里斯。然后进行了"生命仪式"，在托特神的帮助下，奥西里斯的口被再次打开，生命力重新进入他的身体中，奥西里斯的灵魂再次复活。他不仅复活，而且得到了永恒的生命，不再死去。为什么埃及有木乃伊？为什么要包裹起来？这是对神的一种模仿。尽管奥西里斯已经去世了，但伊西斯怀上了他的儿子，叫荷鲁斯，就是那个鹰神，王权的保护神。荷鲁斯长大后要夺回王位，于是跟他的叔父发生了一场战争。众神有支持荷鲁斯的，也有支持塞特的。最后，荷鲁斯在父亲奥西里斯的帮助下，打败了塞特，当上了国王。

哈姆雷特的故事其实就源于这个故事，所以古代埃及对后世文化的影响非常大。《荷马史诗》里的特洛伊木马就起源于古埃及的一个故事，叫约帕城之战，故事是一模一样的，这里不多说了。

这是第一个神系。大家会问，这么多神怎么能记住呢？盖博与努特比较好分辨，努特往往把自己的身体像天空一样罩在人类之上，地上是盖博，是这四个神的父亲和母亲。潮气之神泰夫努特也比较好认，她是一个狮子头。其他的神都差不多，怎么分辨？

我告诉大家一个办法，除了特殊的几个神，大部分神长得差不多，主要看这个神的头上顶着的装饰（或者叫帽子）是什么样的？头上顶的这个东西往往就像我们参加会议时戴的胸牌，上面写着名字。舒神头上顶的是很大的一个羽毛，据说是鸵鸟羽毛。鸵鸟羽毛在埃及语里读作"舒"。

奥西里斯比较容易辨认，他经常以一个木乃伊的形象出现，头上是一个比较复杂的王冠，双手交叉于胸前。很多法老死后，为什么木乃伊做成双手交叉于胸前的形状，这是在模仿奥西里斯神。因为法老死了之后想变成奥西里斯神，他的儿子继承王位，想变成荷鲁斯神，基本上是这样的。

怎么辨认伊西斯呢？伊西斯头上是一个王座。只要有王座在头上出现的，一定是伊西斯。塞特也比较好认，他是顶着一个豺狗的头出现的。内芙悌斯头上顶着的是一个埃及的象形文字，是什么意思呢？这代表着房屋里的女主人。

其他的神，我们都是采用这样的办法，看他头顶的是什么，就能够辨认出他是哪个神，就能知道这个神的起源在什么地方，他是哪一个王朝所崇拜的神，是谁立的这个神庙或者是谁修建的。

2.孟菲斯神系

孟菲斯神系比较简单，有三个神。第一个神叫普塔赫神，有人把它译为普塔神。普塔赫神往往是绿脸，在一个斗篷里，两只手伸出来拿着一个权杖，所以普塔赫神比较好认。普塔赫神是什么地方的神呢？是孟菲斯的神。孟菲斯在什么地方？在下埃及，也就是埃及的北部，是古王国的首都。还有两个神，普塔赫神的妻子塞赫迈特，他们的儿子内弗尔特姆。与潮气女神泰夫努特一样，塞赫迈特也是以狮子头的形象出现的，也顶着一个太阳圆盘。她们俩的形象不完全一样。我们仔细看一下，泰夫努特顶着太阳圆盘没有用眼镜蛇作为装饰，因为眼镜蛇是王权保护的装饰。接下来看内弗尔特姆，内弗尔特姆神就

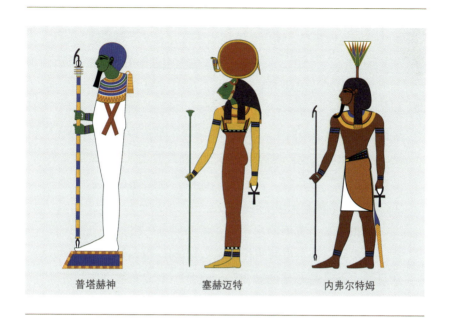

普塔赫神　　　　　塞赫迈特　　　　　内弗尔特姆

孟菲斯神系

特别有意思，从他的名字就能够看出，古埃及给神起名字的这个人是有那么一点点的私心和偏爱自己的神。为什么是这样呢？因为这个地方是孟菲斯，而不是赫里奥坡里斯，赫里奥坡里斯有一个神叫阿图姆，是创世之神，最伟大的神。内弗尔特姆，内弗尔既有美丽的意思，也有年轻的意思，就是年轻的阿图姆神。也就是说，我们这个地方的第二代小神是赫里奥坡里斯的主神，以示自己神的地位之崇高。

　　这两个神系都在北方。需要说的一点是，孟菲斯作为古埃及的古王国时期的都城，自然是非常重要。这里面有几个事情需要说明。

　　第一个事情是孟菲斯的名字的来源是什么？它原名读作

mn-nfr。这是表意的，什么意思呢？mn是"建筑"的意思，nfr是"美丽"的意思，所以是美丽的建筑。也就是说，这个地方有美丽的建筑，当然，一个都城的王宫肯定是最美丽的建筑。

　　为什么埃及的法老称作法老，这个词哪来的呢？它的原意是大房子。大房子是什么？是宫殿。谁住在宫殿里？国王。于是人们不称他为国王，称他为大房子。渐渐地到新王国的时候，法老称自己说：我这个大房子要怎么怎么样，就像中国的皇帝说"朕"怎么样，埃及也是这样，渐渐地自称是大房子了，所以法老就是大房子的意思。

　　孟菲斯意为美丽的房子。在孟菲斯有一座神庙，神庙里有一个房间，这个房间叫什么呢？它读作"Hwt-Ka-PtH"，意思是"普塔赫心灵的房屋"。这是一个大家都应该知道的知识。

　　"普塔赫心灵的房屋"这样的一个短语，是古希腊人将其传给后世的。希腊语将其读成"Aἴγυπτος"，之后演化成西方语言中的"Egypt"，变成汉语就译成"埃及"。埃及这个名字的来源，其实是从孟菲斯的一个神庙里的一个小屋的名

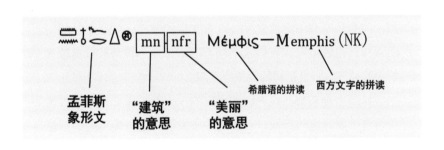

"孟菲斯"在埃及语中的含义

字叫开的。但埃及人从来不这么称自己，他们称自己为可爱的
土地、黑土地、两土地，反正有几种说法，但是从来没有一个
"埃及"这样的名字，他们一直到现在也不自称为埃及。

3.底比斯三神系

　　除了前面两个重要的神系，还有一个神系是不能不说的，
因为这个神系也是特别重要的，仍然是一个三神系，叫底比斯
三神。底比斯是中王国和新王国的首都，就是现在的卢克索。

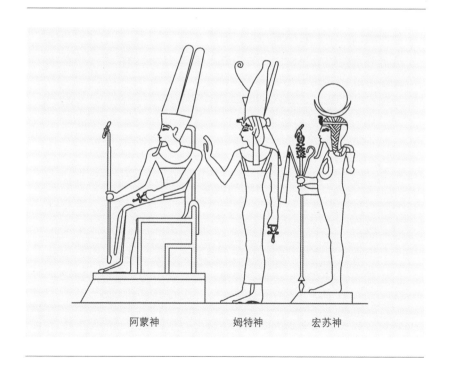

阿蒙神　　　　　姆特神　　　　　宏苏神

底比斯三神系

这三个神是谁呢？是赫赫有名的阿蒙神、妻子姆特神和儿子宏苏神。阿蒙神仍然是太阳神，判断他是不是阿蒙神，要看王冠，上面是双羽帽，就是两个羽毛并排在一起的王冠，这是阿蒙神的典型形象。他的妻子姆特神有什么特点呢？她戴着王冠，是双冠。这个不重要，重要的是她经常会头顶着一只鸟，看着像秃鹫。姆特神和秃鹫在埃及语里发音很像。秃鹫也是一个神，不是我们想象的那个只吃腐肉、体形庞大的飞鸟。宏苏神更好认，他是月神，所以他一定是顶着月亮，一个上弦月和一个满月，这是宏苏神的特点。他经常握几个权杖在一起，这个姿态有点儿像普塔赫神。

底比斯的三个神因为是在最为强大的新王国时期最受崇拜，所以留下来的神庙和建筑是最多的。我们在这个时期的建筑里经常能够看到墙壁上的浮雕和壁画，阿蒙神在这些浮雕和壁画中出现比较多。

4.象岛三神系

还有一个神系叫象岛三神系。因为埃及没有象，象是从南方进口到这里进行贸易的，所以这个地方被称作象岛。哈努姆神是以一个公羊头形象出现的。尽管阿蒙神时常也以公羊头的形象出现，但是哈努姆还有一个典型的形象，是什么呢？手拿一个陶轮，在陶轮上造人。人类是怎么诞生的？是哈努姆用这个陶轮做出来的。这是古埃及人的一个神话故事，所以这个形象比较特殊。哈努姆的妻子叫萨梯斯。他的儿子叫哈努凯特，是头戴很大的、有点儿像厨师帽的一个神。象岛三神系在古埃及南方经常能看到，在北方很少看到。

| 哈努姆神 | 萨梯斯神 | 哈努凯特神 |

象岛三神系

5.其他神系及神

还有一个主神神系是八神系。八神系是古王国时期的一个由八位神祇构成的神系，其崇拜中心在亥曼努，希腊人称这个城市为赫尔摩坡里斯，所以也叫赫尔摩坡里斯神系。我们知道有这么个八神系就可以了，因为这八神在浮雕中出现的概率特别低。

以上介绍的是主要的神系。还有一些零零散散的神特别重要，有哪些神呢？

第一个是哈匹神。这个词挺喜庆，因为很像英文中的happy，对吧？哈匹神是男神，但是他经常以一个很肥胖的形象出现，乳房和肚皮都很下垂。为什么呢？因为尼罗河养育了埃及人，所以他才以这样的形象出现：身躯肥胖，头顶繁茂的水草，腹部下垂，双乳也下垂，象征着丰茂和肥沃。哈匹神是尼罗河之神，养育了南北两地不同的植物，这些植物系在一个

尼罗河之神：哈匹神

符号之上，这个符号读作"smA"，是什么意思呢？在埃及语里，是"联合统一"之意。法老的座位上出现了这样的标志，哈匹神手执代表上下埃及的莎草和荷花，将代表统一的像肺管和心脏的象形文字捆扎起来的图案，寓意为上下埃及的统一，所以在埃及我们会经常看到哈匹神一队队地出现在神庙里，这个形象出现的概率特别高。

还有一个神特别重要，叫亥坡瑞神。这是一个创始之神，形象是一个蜣螂，好听一点儿按照埃及语说叫圣甲虫。他的人形身体上顶着一个蜣螂形状的头。他是赫里奥坡里斯神，在赫里奥坡里斯被称作阿图姆—亥坡瑞，从原始瀛水中出现的第一

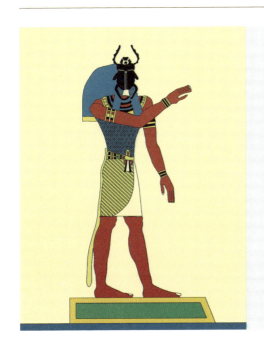

创始之神：亥坡瑞神

个荒丘上诞生。因为在埃及语里，亥坡瑞（Hepri）有这样一个含义，即创造，甚至叫无中生有，从无中诞生。为什么用蜣螂代表诞生呢？一般的解释是这样的，蜣螂产子在沙子里，是看不到的。一旦孕育成功，成百上千的小圣甲虫就从沙子里面出现了。埃及人认为这是一种创造，是一个从无到有的概念。由于"亥坡瑞"一词代表了创造，因此亥坡瑞神是一个创世之神。

　　埃及的神大体上就是这些了。之后，我们具体看到埃及神话的时候，或看到浮雕和壁画的时候，就能够知道法老与神在做什么。法老把这个神庙献给谁，他拿什么东西献给神，谁献给神，是献给哪一个神，我们都可以很好地辨认出来。

（三）古埃及的神庙设计

神有住处，就是神庙。埃及有太多大大小小的神庙，保存得比较好的有很多，也有很多已经消失殆尽了，只能通过考古和文献的记载来确定，之所以这样是因为埃及的历史太久远。古埃及所有的神庙都有一个基本的建构，也就是每个神庙的基本结构是相同的，而这个相同不是随意设计出来的。

先了解一下埃及语里神庙的几个词汇，便于理解古埃及人心目中的神庙。第一个词汇读"Hwt-nTr"，是房间的意思，当然神庙就是神的房间，是神居住的地方。第二个词汇读"r-prt"，指房间的入口。我们通过这些文字能够猜测，在最初的时候，某一家的家神，神龛应该在离门口不远的地方。我们考察了埃及的房屋发现的确是这样，进去之后有点儿像客厅，

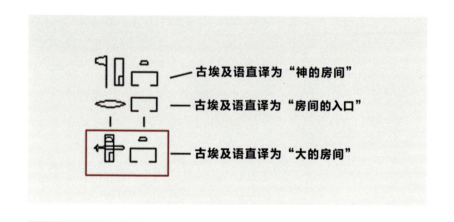

"神庙"在古埃及语中的书写与含义

是最庄重的地方。第三个词汇是什么呢？是"hwt aAt"*，意思是"大的房间"。当然，除了法老的房屋比较大，那就是神的房屋比较大，甚至比法老的房屋还要大。

我们从侧面看神庙的结构。在塔门入口处，一般情况下会有两个方尖碑放在前面。通过塔门进入第一个院落，第一个院落很大，中间是空的，四周有巨柱围绕着墙壁。早期神庙后面的墙壁是没有装饰的，后来出现了浮雕和壁画，是渐渐出现的。接着进入多柱厅，这里有很多很多的柱子，一排一排地排列，多柱厅一般是最好看的。然后进入第二厅，柱子没有那么多了，而且更加低矮了。进入圣殿，圣殿里墙壁上有浮雕，房顶上有壁画，中间会有一个台子，台子上放着圣船。因为太阳

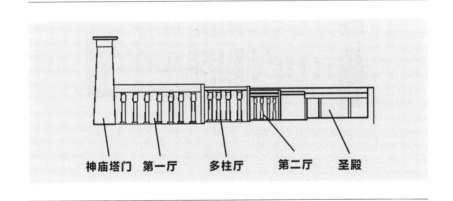

神庙塔门　第一厅　　多柱厅　　第二厅　圣殿

古埃及神庙的侧面示意图

---

* 文中的字母是古埃及语的转写，就是人们常说的拉丁化。但是这个拉丁化的转写体系字母中也有太多的下加线或点、下加弧线等，且a也有两个写法，电脑系统打字打不出来，因此人们发明了另一套电脑能打出来的体系。这是电脑能打出来的体系字母表达。

神要运行在两个空间中，一个是我们说的冥界，另一个是我们现在这个世界。每天太阳船要巡行一周，它的发动机很厉害，叫"赫坡瑞"（xpr），所以在很多圣船里能够看到圣甲虫，是它推动着太阳船东升西落一天24小时地运行着。最后边是神的雕像，也就是说，神的住所是在这个地方。

发现了吗？这里有一个规律，越往里走，神庙的屋顶越来越矮，地面越来越高。也就是说，神居住的地方没那么宽敞。神的住所是非常小的地方，而且光线不好。有的时候，太阳根本照不进来，所以这是一个神生活的隐秘之地。

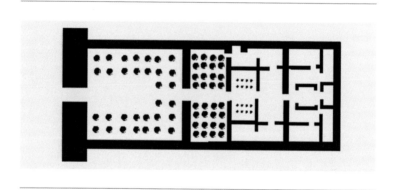

古埃及神庙的平面示意图

我们看神庙平面示意图，进入塔门，然后是院子，院落里有成排的柱子，墙后边会有浮雕，最初的时候没有，后来有了。接下来是多柱厅，然后是第二厅，最后的地方是圣殿神龛。

这是一个立体的剖面示意图，我们能看到神庙前面有神路，神路两旁有公羊的形象，是阿蒙神以公羊的形象出现。这个神路能持续很远，有的时候一座神庙和另一座神庙是相通

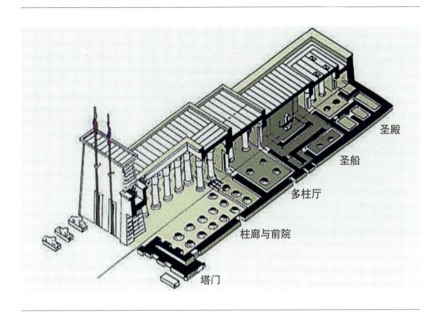

古埃及神庙的立体剖面示意图

　　的。这个神路就是以这样的雕像来把它勾连起来的。遗憾的是，由于时代久远，这些神路现在大部分都没有了。

　　首先进入的是塔门。塔门中间有门可以进出神庙，塔门的左右有两个旗杆，有的还会更多。进入塔门之后是院子，顶上是露天的。再往里走是多柱厅，柱子又高又密，特别多。我们到卡尔纳克神庙，能够看到多柱厅，那是拉美西斯二世献给阿蒙神的地方，那个多柱厅有134根巨柱，现在还保存有129根，有5根柱子找不到了，只留下了底座，巨柱都特别大。再往前是第二厅。圣殿在最后，圣殿前可能放有太阳船。

　　下面这张照片是位于尼罗河对岸的阿蒙霍特普三世的神庙（属于新王国时期）的航拍图。一进入开罗埃及博物馆，正对

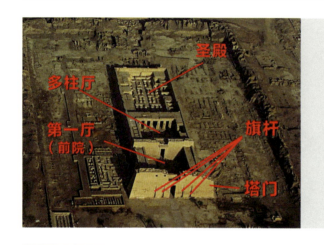

圣殿

多柱厅

第一厅
（前院）

旗杆

塔门

阿蒙霍特普
三世神庙

着的那个巨大的雕像就是他，阿蒙霍特普三世。为什么老提他呢？因为他是埃赫纳吞的父亲，埃赫纳吞是宗教改革家。

尽管这个神庙已经破损，但还是保留了基本的形制。周边有围墙，虽然很多建筑已经没有了，但是基本的结构还在。前面是塔门，插旗的地方；进去之后的第一个院落，四周有巨柱；第二厅是多柱厅；再往后是圣殿。

回到一个重要的话题，我们应该怎么理解埃及的神庙？先说塔门，它的形制正好是埃及文字里的一个词 ⌣，读作"Dw"，这个词代表山峦。什么地方有山峦呢？埃及的山峦很少，东部是荒漠，西部是荒漠，两岸都是荒漠。尼罗河从中间流过，这里是埃及人生活的地方，历史的创造之处都是在尼罗河两岸。在南方的东西部有一些小山，在北方也只有东部才有山，也就是靠近红海那边才有山，所以山代表着远方，特别是代表着东方的地平线。

　　问题来了，塔门为什么要修成山峦的样子？因为神庙是神居住的地方，是神创造世界的地方。神诞生在什么地方呢？神诞生在一片瀛水之中，先出现第一块陆地，一个荒丘。这个荒丘对于埃及来说，就是远方，是东方。什么叫远方呢？是地平线。只有东方才有山峦。一旦太阳从这个山峦背后升起，到覆盖住这个缺口的位置时，就变成了另一个埃及的文字 ，读作"Axt"（阿海特），阿海特是东方地平线的意思，而神正是在地平线上创造了创世之岛，世界则是在创世之岛上创造的。

　　下图是菲莱岛上的神庙，由于是后期迁移过来的，柱子把前面的塔门挡住了。进入院里，四周有巨柱，这些巨柱是对创世之岛上的植物的描述，靠近海边的树比较低矮，也比较稀疏，所以神庙中才有低矮的巨柱出现在第一院落的四周。再往里走，是多柱厅，为什么要出现多柱厅？因为在创世之岛往里

重建后的菲莱神庙

菲莱神庙前院（第一厅）复原图

　　走，走到中间的时候发现树越来越多、越来越密、越来越高，于是形成了一个遮天盖日的岛的中心。神不是在岛的中心开始创造世界，而是在一个隐秘之处，再往前走就到了神龛之地。圣殿越来越隐秘，地势越来越高，这个地方就是神居住的家，是神像住的地方。前面有太阳船。我们可以知道了，埃及的所有神庙都是对创世之岛的模仿。因此，它的形式不会有本质的变化。

　　创世之岛还出现了什么呢？神的生活是离不开水的，就像人生活离不开水一样，一定要有水出现。因此，每一个神庙都会有一个圣湖。圣湖除了供那些祭司们生活之用，还要供谁用呢？要供神之用。神怎么用水呢？首先是唤醒，有专门的祭司负责早上把神唤醒，然后洗浴，这时就需要水了，要用从圣湖里打来的水洗漱，然后更衣熏香，再出来工作。无论是见法老、见祭司，还是有什么活动，神都会出来。有的时候，神还

卡尔纳克神庙及圣湖模型

会回答人类提出来的一些问题，这就叫神谕。人有什么难题都可以问神。有的圣湖现在早已干涸，有的圣湖还没有干涸，但是水已不那么清了。比如我们到卡尔纳克神庙去看的话，还有好大的一个圣湖在里边，圣湖里还有水。

三、古埃及的语言文字

（一）字母表

古埃及的文字被称作象形文字，因为所有的字符都是栩栩如生的图画。但实际上古埃及的文字是一种表音加表意的文字，书写的原则是什么样的呢？它前面是表音部分，不管它怎么画，与画的东西没有任何关系，只代表发音。就像腓尼基字母中代表发音的就像a这个字母一样，它最初是一个牛头掉过来的形象，这个a跟牛头没有任何关系，只代表一个发音。古埃及文字有多少个字母呢？一共是24个。学会了24个字母之后，我们就能够拼读古埃及的文字了，但在实际拼读中又没那么简单。

我们先学24个字母。第一个字母是秃鹫，读作"a"；第二个字母是芦苇草的那个穗儿，也有人说它是一个羽毛，读成"i"；第三个字母是两个"i"加在一起读作长音"y"，有的时候简化成"\\"；第四个字母是一个胳膊，读作"a"。于是有人问了，这两个"a"怎么区别？古埃及人能区别开，我们现在区别不开；第五个字母是鹌鹑，读作"w"；第六个字母是脚，读作"b"；第七个字母是一个垫子，读作"p"；第八个字母是蛇，读作"f"；第九个字母是猫头鹰，读"m"；第十个字母是水波纹，读作"n"；第十一个字母是嘴，读作"r"；第十二个字母类似于篱笆，读作"h"；第十三、第十四、第十五个字母，都读"h"，古埃及语中有四个"h"。我问过一位德国的教授，他说四个"h"（音：喝）的发音一个音比一个音更靠后；第十六个字母有横写的

古埃及象形文字字母表

符号	字母	所绘物体	发音
	A	埃及秃鹫	类似汉语拼音 a
	i	开花的芦苇	类似汉语拼音 i
	y	双芦苇	发汉语拼音 i 的长音
	a	前臂	喉音 a
	w	鹌鹑雏鸟	类似汉语"乌"音
	b	脚	类似汉语拼音 b
	p	凳子	类似汉语拼音 p
	f	角蛇	类似汉语拼音 f
	m	猫头鹰	类似汉语拼音 m
	n	水	类似汉语拼音 n
	r	嘴	类似汉语拼音 r
	h	田中芦苇棚	类似汉语拼音 h
	H	亚麻绳	强音 h
	x	胎盘	发 h 音，音位靠下
	X	动物的肚皮	发 h 音，音位更靠下
	s	门闩，布条	类似汉语拼音 s
	S	水池	类似汉语拼音 sh
	q	山坡	发 h 音，音位靠后
	k	带环篮子	类似汉语拼音 k
	g	水罐架	类似汉语拼音 g
	t	一块面包	类似汉语拼音 t
	T	绳套	类似汉语拼音 ch
	d	手	类似汉语拼音 d
	D	蛇	类似汉语拼音 zh

有竖写的，读"s"；第十七个字母是一个小水塘，读作翘舌的"sh"；第十八个字母是一块类似于斜坡，读作"q"；第十九个字母是一个篮子，读作"k"；第二十个字母读"g"；第二十一个字母，像小馒头是面包，读作"t"；第二十二个字母是一个带套的绳子，读作"ch"；第二十三个字母是手，读作"d"；第二十四个字母是另一种蛇，读作"zh"。

根据字母发音拼起来读之后，读的这个音是对还是不对呢？有人问我，假如读这个古埃及语的发音，甚至对话，和古埃及人发音是一模一样吗？我回答，假如某一天我正在教着古埃及语的时候，突然从后门进来一个人来到我的面前，这个人是穿越了两千多年的时空苏醒过来的木乃伊，我相信他大体知道我在说什么，但是他不一定听得特别清楚具体的每一句话。为什么呢？因为古埃及语只记辅音，不记元音，怎么办？我们又不能不交流，所以埃及学家约定俗成地在辅音后都加了"e"这个音。

我们知道了字母及读音，发音就没有问题了。除了表音部分，还有表意部分。表意部分的符号很多，表人的不同姿态的、表神的、表不同的部位的、表动物的等。不用特意记这些，因为表意部分也不难。凡是出现人的，肯定跟人有关；凡是出现座位的，肯定跟法老的王权有关；凡是出现船的，肯定是一种船。所以这个比较好理解，最不好办的是简化了一些文字。因为古埃及人怕书写麻烦，把表音部分给去掉了，剩下来的这部分就必须得读出来，你才能知道它虽然就是表意的部分，但是也会有发音。这个时候就比较难了，当然我们不需要懂那么复杂的，知道了24个字母，表意符号也用不着记，知道古埃及文字是这样的含意就可以了。

（二）王名圈

我们回过头来再说一说古埃及主要法老的王名圈。关于古埃及主要法老的王名圈，我给大家一个表，这个表特别重要（见本书附录），我们可以对照了解。

第一王朝的纳尔迈，是第一个统一埃及的法老，纳尔迈调色板就是他的。第二个法老叫阿哈，阿哈是战斗的意思，所以

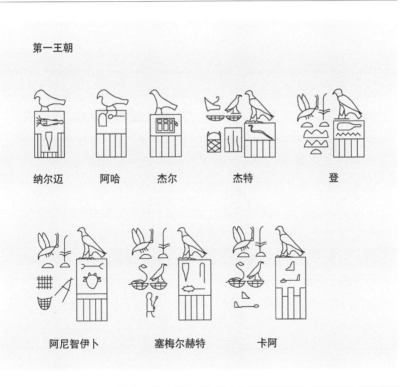

第一王朝的法老

这个法老一定是一位很能打的国王。第三王朝最有名的法老是佐塞尔，再往下是第四王朝的胡夫和他的父亲斯诺弗汝等，然后一直到第十一王朝、十二王朝、第十五王朝。第十三王朝继承自第十二王朝，后来转移至南方的底比斯，但全国统一的局面已不存在。为什么没有第十四王朝呢？第十四王朝不存在，这是后来研究得出的结论。为什么也没有第十六王朝呢？因为它不是一个重要的王朝，它与第十五王朝同时存在，基本上可以忽略不计。第十七王朝也与第十五王朝同时存在，第十七王朝后来打败第十五王朝建立起第十八王朝。第十八王朝是新王国，出现了很多的图特摩斯。我们讲过了阿蒙霍特普，阿蒙神在第十八王朝开始成为主神，国家的主神，一直到第二十七王朝，这就是古埃及的所有重要法老的名字。

要想对古埃及有一个比较全面的了解，只要带上这本书，随手一翻，就能像专家一样地去看这些陵墓和神庙。即使是世界上知名的古埃及学家，也不是一看到每一位法老的王冠就能辨别出是哪位法老。因为有的时候法老用的不是登基的名字，也不是出生的名字，而是用的荷鲁斯名字。一个法老有五个名字，有那么多的法老，都能记得住吗？显然记不住。有的名字又相同，不同之处只是在个别的几个地方，我们怎么分辨？我们一定要有这个图表，判断这个建筑是哪一年的，是献给谁的。

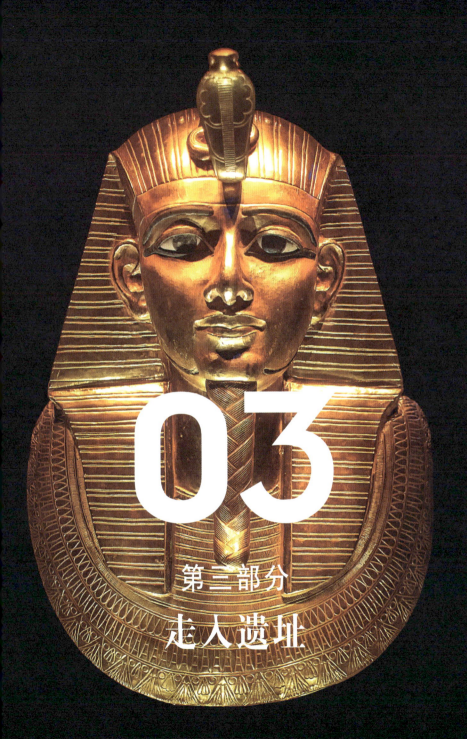

03

第三部分

走入遗址

一、陵墓与神庙

讲遗址，先从陵墓与神庙开始。陵墓有一个变化过程，总结起来也比较简单。古埃及最初的陵墓是坑墓。什么叫坑墓？顾名思义，挖个坑埋进去就完了。当然，坑墓并没那么简单。最初的时候，坑墓中的遗体是面朝东方的。为什么朝向东方？人是以一个蜷曲的姿态被埋葬，而蜷曲是婴儿的姿态，人是以这个姿态来到这个世界的，所以他以这样的姿态面向东方，企盼着黎明，企盼着太阳重新升起，是一个循环的开始。后来为什么变为面向西方呢？因为人不进入永恒世界，就出不来，所以埃及的坑墓中所有的这些遗体不是面向西方，就是面向东方，没有面向南方和北方的。这与太阳的东升西落和人的生死循环观有关。

坑墓之后出现的是什么呢？随着财富逐渐积累，人们不满足于挖个坑埋点儿土这样的简单丧葬形式了，需要建得更富丽堂皇一点儿，所以有钱的人开始把自己的陵墓建得有点儿像人间的房屋，于是出现了玛斯塔巴墓。

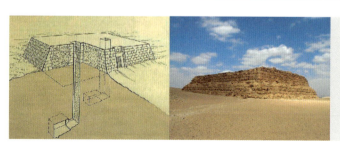

玛斯塔巴墓

　　什么叫玛斯塔巴墓呢？玛斯塔巴是现在的阿拉伯语"板凳"的意思。早期陵墓的地上建筑是泥砖结构，呈长方形，很像后来阿拉伯人用的长凳，所以后人称其为板凳。其实这不是板凳，它是一个台子，底下仍然是坑墓。还会在墙壁上刻写一些文字，这个死者是谁，这是第一王朝的陵墓，这是第二王朝的陵墓等。

　　到了第三王朝，开始出现第一个金字塔，叫阶梯金字塔。这是第三王朝的佐塞尔王让他的宰相——伊姆霍特普，给他建造的。伊姆霍特普后来被神化了，他是人类第一个医生、第一个建筑师、第一个画家等，很厉害的一个人。他觉得一层已经不能满足于法老这样高的地位，于是在上边加建，一共建了

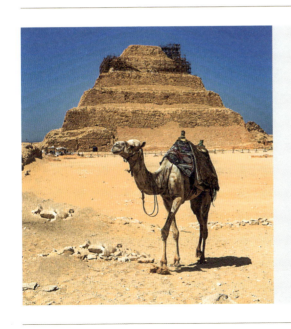

阶梯金字塔

六层，就形成了人类历史上的第一座阶梯金字塔。地底下仍然是坑墓，是凿下去很深的称为"竖井"的陵墓。墓室是在地底下，这一点与坑墓本质上并无区别。

到了第四王朝的第一位法老叫斯诺弗汝，他的儿子是赫赫有名的胡夫。斯诺弗汝修建了不仅一座金字塔，至少修建了三座，因为现在已找到了三座。第一座在美杜姆，是坍塌了的金字塔，留下来的遗址像炮楼一样，四周已经坍塌了，为什么会这样呢？

第四王朝斯诺弗汝法老
在美杜姆修建了他的
第一座金字塔：
阶梯金字塔

我们不知道具体原因，也可能是建造设计上的缺陷，但有一点是可以知道的，金字塔是从里向外建。胡夫的父亲是一个特别有意思的人，有意思在哪儿呢？他给自己起了一个名字，叫斯诺弗汝。在埃及语里是"让一切都美丽之人"，所以我一直在猜测他是一个天秤座的法老，追求完美。他建的第一座金字塔塌了，完美吗？

第四王朝斯诺弗汝法老在达赫述尔建造的弯曲金字塔

　　于是他又改一个地方，从美杜姆移至达赫述尔又建了一座金字塔，特别高大，开始的时候特别大，建着建着发现不对，如果按原设计完工的话，这个金字塔就特别高、特别尖，仍有被压塌的可能。第一个已经塌了，还能让第二个塌吗？所以工匠们就想往里收一收吧，于是变成了一个弯曲金字塔。

　　于是，斯诺弗汝向北挪了几百米，又建了一座金字塔。这就是他的红金字塔，仍然在达赫述尔。这就是人类被称作第一座真正的、完美的、锥形金字塔的红金字塔。为什么是红色呢？因为它外边都已经有些风化，可能是石头含有一些氧化物，比如说氧化铁，所以发红，人们称它为红金字塔。

第四王朝斯诺弗汝法老在达赫述尔建造的红金字塔

　　到了胡夫法老，他在吉萨建造了一座大金字塔。吉萨金字塔也是古代世界七大奇观中唯一幸存者，已有4500多年的历史。胡夫大金字塔高约147米，底面边长原来皆为230米左右，所用石料约260万立方米，现在仍巍然屹立在吉萨高原上。所谓大金字塔，就是最大的金字塔。里面有一个墓室，通往墓室的是大走廊。

古代世界七大奇观之一：
吉萨金字塔

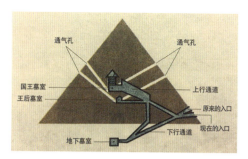

吉萨金字塔剖面图　　　　　　　　吉萨金字塔大走廊

　　这是吉萨以北的一座金字塔叫拉斋代弗（前2528—前2520年）金字塔，拉斋代弗是胡夫的一个儿子。胡夫死后，他继承了王位，这位执政8年便从历史舞台上消失的法老，其死因虽然疑窦重重，但没引起重视，甚至没人知道还有这么一位法老。发现他的陵墓的是美国的一个叫门侬的埃及学家。

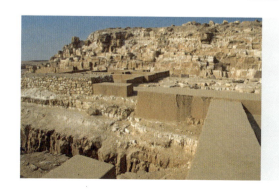

第四王朝拉斋代弗
位于阿布拉瓦须的
失落的金字塔遗址

哈夫拉金字塔　　　　　　　　　　　　　狮身人面像

　　之后，胡夫另外一个儿子哈夫拉继位。哈夫拉金字塔比胡夫金字塔低3.5米，但是其完美壮观的附属建筑赢得了人们更多的赞叹，那就是至今仍屹立在金字塔前的狮身人面像。

　　至此，金字塔基本上成型了，这是金字塔最辉煌的时期，后来的金字塔就都没有这么大了。吉萨三座巨大的金字塔中，胡夫金字塔最高，约147米，为什么我们不能确定它的高度呢？因为它的塔顶损坏了。第二高是哈夫拉金字塔，143.5米，塔尖

吉萨三座大金字塔

上边还有一层贴面，其他位置的贴面都已经不存在了。到了胡夫的孙子曼考拉，其金字塔高只有65.6米，已经开始有点儿衰落的迹象，之后的金字塔都建造得没那么高大辉煌了。

第五王朝的最后一位法老叫乌尼斯，他的金字塔里墓室的墙壁上第一次出现了金字塔文。金字塔文是刻写在金字塔丧葬室墙壁上的咒语，帮助亡灵顺利到达永恒世界。最初，金字塔文都是些分门别类的、孤立的咒语，后来越来越完善，成为完整的《亡灵书》。乌尼斯金字塔中的金字塔文有咒语227条。从乌尼斯开始，古王国所有王室金字塔内都刻有金字塔文，丧葬室和前厅的墙上为其刻写的主要地方。

古王国第五王朝乌尼斯法老
（前2356—前2323年）
的金字塔，墓室中第一次
出现了金字塔文

二、金字塔的标准结构

标准的金字塔是什么结构呢？见下图。金字塔周边还会有王后和王子的小金字塔。它有一个院落，院落里有神庙。有一条甬道，甬道很长，整个都是封闭，见不到天。法老的棺椁通过甬道来到金字塔综合建筑群里。丧葬仪式很多，在尼罗河边还会有河谷神庙，所以要进行很多的仪式才能进来。非常遗憾的是，现在河谷神庙几乎找不到了。

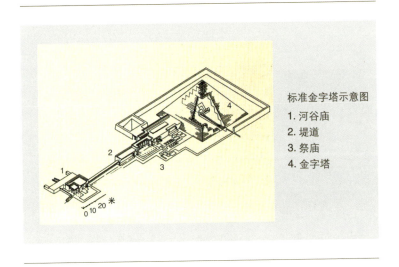

标准金字塔示意图
1. 河谷庙
2. 堤道
3. 祭庙
4. 金字塔

甬道在个别地方还能够看到一点点残迹，但大部分已经没有了。院落以及这些神庙基本上没有了，只剩下光秃秃的法老金字塔了，但是它目前依然非常震撼。我们在金字塔四周观看的时候，在地面上都是很硬的石头，还能看到很多沟壑，虽然不是很深，而且表面上被一些骆驼粪、沙砾所遮盖，但是其实

吉萨金字塔
周边遗迹

原来都是有内容的。上面原来是有房屋的，是有神庙的，是几千年前人为修建所形成的。遗憾的是，现在已经见不到了。

　　下图是一个较为完整的阶梯金字塔遗址示意图。这是佐塞尔王的金字塔。入口还在，但已经残破了。墙上有一排一排的眼镜蛇出现，就像法老王冠上的眼镜蛇。眼镜蛇是一种保护神，它可以吐出火焰，将敌人杀死，所以眼镜蛇在埃及是神。我们一定要记住北方的眼镜蛇、南方的秃鹫，这是上、下埃及两女神的形象啊！周围还有玛斯塔巴墓，也有一些小的金字塔，还有很多的建筑。

　　我们从长廊进去，长廊两边有巨柱，都是模仿埃及的古代植物建造的，是四千六七百年之前的建筑。这里还有两个东西值得一看，这两个半圆形的建筑是什么？我们不知道，但它们与什么有关呢？与赛德节有关。赛德节是古埃及法老庆贺其

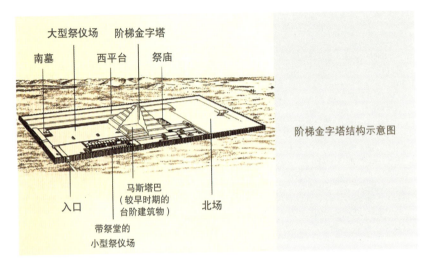

大型祭仪场　　阶梯金字塔

南墓　　西平台　　祭庙

入口

马斯塔巴
（较早时期的
台阶建筑物）

北场

带祭堂的
小型祭仪场

阶梯金字塔结构示意图

阶梯金字塔遗址

统治30周年的大型庆典活动。第一次庆典活动之后，每三年进行一次。因此说，法老统治了多少年，根据举办过几次赛德节就能算出来。赛德节活动中有一个重要的内容是"阿匹斯神牛跑"，法老跟着公牛跑。如果法老20岁登基，统治了30年，已经50岁了，为了显示他有足够的体力统治埃及，要跟在公牛后边跑。仪式过后，法老焕然一新，王座焕然一新，统治焕然一新，世界焕然一新。

阶梯金字塔遗址中有代表着一圈一圈跑或者折返跑的跑步标志。但具体是什么，需要专题研究才能知道。

三、卡、巴与木乃伊

关于埃及的丧葬，有几个基本的概念要知道。埃及人去世后是要追求永生的。怎么永生呢？灵魂不死。古埃及人认为，人是有灵魂的。人不仅有灵魂，而且有两个灵魂，一个叫"卡"，另一个叫"巴"。

"卡"是与躯体同在的。也就是说，人不管是活的还是死的，不管到什么地方去，你的"卡"永远和你在一起，"卡"不可能离开你的身体。如果"卡"离开了，那叫真魂出窍，这个人就完了。

"卡"（Ka）类似于生命与精气

　　"巴"往往以带胡子的人头飞鸟形象出现，"巴"是另一个灵魂，是人去世后飞出的灵魂。"巴"飞出去之后，要和天上的星星结合在一起，再返回到自己的躯体里，找到自己的主人。

人首鸟体的"巴"（Ba）

　　人怎么才能复活呢？就是"巴"飞出去之后，将来还能回来。人为什么要做成木乃伊呢？如果不做成木乃伊，"巴"飞出去之后，飞回来就找不到自己了。不仅要做成木乃伊，还要做成人形棺。为什么做成人形棺呢？人形棺上面画有形象，还写着名字，也是让"巴"飞出去再回来能够找到自己，不然就成了孤魂野鬼。

古埃及木乃伊

　　所以在埃及很多地方的浮雕里我们都能够看到"卡"与"巴"这两个形象的出现。一个人怎么脑袋顶着这么一个玩意儿呢？好像很神秘，其实也不神秘，这就是人所具有的灵魂，这个灵魂有时候是以神的形象出现的。

四、从金字塔文到棺文再到《亡灵书》

　　前面讲到了第五王朝最后一位法老乌纳斯的陵墓里出现了金字塔文。金字塔文实际上是超度亡灵的咒语。古埃及有很多的仪式，这些仪式进行的每一步骤都会有一个基本的脚本。这个脚本就是从金字塔文到《亡灵书》这样的指导性文字。也就是说，那个时候的一些丧葬仪式，其主持者无论是王子、大臣还是祭司，有太多的角色需要他扮演，一定要说太多的话。而这些角色所说的话都与超度亡灵有关，也就是与进入来生、进入永恒世界有关。通往永恒世界之路并不平坦，我们经常说一路平安，但往往是不平安的，在每一个关口一定会遇到不同的事情，遇到不同的神、不同的鬼、不同的情境。怎么才能够通过这一关，顺利地进入下一关？来到了河边，怎么与渡口的摆渡人交谈，这个摆渡人究竟是人还是神等一系列的问题，都要有一个说明。祭司们知道。而祭司们知道的东西又太多太多，每一句话都不能说错，一旦说错了，就会影响这个亡灵能不能顺利地进入永恒世界。这是一件大事，所以需要有一个脚本，于是出现了这样的脚本，而且这个脚本渐渐变得复杂。

　　我们看金字塔文，在几面墙上都刻写着。到了《亡灵书》，我们会发现，每一步骤都有好几十条咒语，都能记住吗？记不住，所以一定要刻写在某一个地方，或者是金字塔的墙壁上，或者是棺椁的内外侧，或者是草纸上。不仅供主持者们阅读，还供那些亡灵们走向某一个关卡的时候，可能忘了应该怎么说，一定要看一看墙壁，所以说这是金字塔文、棺文和《亡灵书》要达到的目的。

　　金字塔文只有文字，没有图画。棺文里既有文字又有图

古埃及木棺及棺文

画，所以能很形象地告诉人们来世的生活及进入杜阿特（冥界）的程序。埃及的很多壁画有点儿像连环画，比如说一个亡灵，它会在整个画面中的不同地方出现。一幅壁画里其实就是一个人，是在不同的情境之下连贯进行的。

　　这个《亡灵书》就是所谓"最后的审判"的最初原型。在基督教及其他的宗教里，都有"最后的审判"。"最后的审判"来源于古埃及的《亡灵书》。《亡灵书》图中穿白袍子的形象是亡灵，也就是死者。人死了之后，首先一进来要面对42个神，要叫出他们的名字，同时回答一些问题，要做否定的回答，说我没犯过这个罪。这就是《亡灵书》中记述的非常有名的"42项否定供认"。回答之后，亡灵才能顺利地进入审判厅。

　　阿努比斯神以豺狗的形象出现。他显然是为亡灵通向永恒世界开路的，他也是墓地的保护神。阿努比斯带着这个亡灵走向审判厅。托特神是以朱鹭鸟的形象出现。托特相当于中国的仓颉，在古埃及的神话体系中，他创造了文字，所以他既是智慧之神，又是书吏之神。托特负责记录这一次审判的结果。

　　《亡灵书》图中的阿努比斯在称量。头部是鳄鱼，身体的前半身是狮子，后半身是河马，这个四不像的大家伙叫阿米特。它负责什么呢？一旦被称量的心脏比玛阿特神重，就会被阿米特吃掉。玛阿特神代表着正义、永恒、和谐和秩序，这是埃及人的最高意识形态。他们要追求这样的一种状态，即心要与玛阿特的心是一样重量。死者没有了心，生命就此结束，无法进入永恒世界，这被古埃及人称作"第二次死亡"。

　　通过这个考核后，将进入下一个环节。把亡灵引到奥西里斯的面前，奥西里斯坐着，后面是伊西斯。另外一个是谁？是内芙娣斯，奥西里斯神的妹妹，也是塞特神的妻子。到这之后，我们能够看到一个荷花上有几个生命，有人认为这他们是荷鲁斯的儿子。在制作木乃伊时，会把内脏拿出来，除了心会放在原处，其他的放在四个罐子里。四个罐子叫凯诺匹克罐，每个罐子上面都有一个盖，盖有人头的、鹰头的等形象，都有名字，是荷鲁斯神四个儿子的名字，实际上代表着进入了永恒世界的一个阶段。死者在奥西里斯的欢迎下进入真正的永恒世界。这个世界是"伊阿洳"，字面意思是"芦苇之地"有点类似于天堂的概念。这里由奥西里斯统治，是众神休养之地。伊阿洳通常位于东方，太阳升起的地方。

五、从奔奔石到金字塔

　　金字塔为什么建成锥形或者三角形呢？金字塔的概念最初来源于"奔奔石"。"奔奔石"是一块形似金字塔的小四棱锥。"奔奔石"模仿的是最初的创世之岛，创始之初在原始之水中出现原始之丘，在原始之丘上诞生了阿图姆神，之后生下了空气之神舒与潮气之神泰芙努特这对兄妹，这对兄妹结合后生下天后努特与地父盖博。天地诞生，世界出现。法老的陵墓之所以修建成金字塔的形状，其根本原因也在于此，都是对创世神话的模仿，所以金字塔是神诞生的地方，后来崇拜太阳神，又认为它是登天之梯，顺着金字塔可以升到天空上，就可以与太阳神结合在一起了。因此说，金字塔是太阳神崇拜的结果。

奔奔石

中王国第十二王朝阿蒙尼姆赫特三世（前1842—前1794年）金字塔顶石

　　上图的奔奔石收藏于开罗埃及博物馆。在这个奔奔石上，荷鲁斯的眼睛下是美丽的内弗尔汝，意为"美丽"，三个代表复数。这双眼睛看到世间万物的美丽，而荷鲁斯的眼睛代表着什么？代表着健康和治愈。因为荷鲁斯和他的叔父塞特在打斗的过程中伤到了自己的眼睛，他的母亲伊西斯为他治愈了眼睛，使他的眼睛能够看穿一切。埃及的很多器物上都有一双眼睛或者一只眼睛都是荷鲁斯的眼睛。而荷鲁斯的眼睛画全了之后，还会出现一个羽毛，这个羽毛代表着什么呢？是凤凰的一根羽毛，代表着重生，代表着死去之后再一次复活。

　　我经常讲，埃及人的审美观念很有意思，很像英国一位美学家贝尔说的一句话，说美是什么，是有意味的形式。古埃

wDA，荷鲁斯之眼

及人深谙此道，在很早的时候，化妆时，女人的眼睛被画得特别漂亮。为什么美国总想拍埃及题材的影片呢？因为美的因素太多了。无论是《埃及艳后》还是其他电影里出现的女人的形象，都画得那么美。因为化妆背后还有一些神话故事，还有一些特定的内容在里边，这是我们应该汲取的东西。这个奔奔石上边刻有两个王名圈，能够告诉我们这是谁的。

为什么说奔奔石与升天有关呢？看奔奔 "Bnbn" 这个词的词根 "bn"，意思是 "照耀"，是太阳照耀下来。而且另外一个词汇是照耀和上升，所以奔的意思是 "往上走"。奔奔石代表的是一种向上的力量。

我们再来看太阳船。太阳船不仅是在水中，在冥界穿行，还要打败阿波菲斯这个巨蟒恶神，然后从东方升起，在天空中行走了12小时，再落入永恒世界的另一端。下图中还有一种神鸟，有美丽羽毛，头上顶着太阳。我们还能够看到荷鲁斯的眼睛，很多古埃及人是画这种眼睛的，很有深意。

太阳船与
顶着太阳的神鸟

　　我们知道了这些知识，到了埃及之后，就会真实地体现出
一些埃及学学者的风范了。

04

第四部分

古埃及
文明地标

一、亚历山大

　　假如我们到埃及选择在开罗机场降落，那么接下来有
一个明确的路线，就是从北到南。如果选择在卢克索机场降
落，则反之。从北到南的第一站肯定是亚历山大。对游客来
说，亚历山大有一点很特别，你要熟悉欧洲的话，到了这里你
就会感觉到它的风貌是介于欧洲与埃及之间的一个城市，它很
欧化，建筑也特别漂亮。亚历山大港有一座雕像叫"地中海
新娘"，是其地标性建筑。这里水较浅，岸边有很多的棕榈
树，我们看多了就会知道埃及神庙里的巨柱就是模仿的这种树
的形态，巨柱上边都有一条这样的弧形。棕榈树顶端的树枝像
盛开的花朵。

美丽的亚历山大

棕榈树与神庙巨柱

　　古代埃及时期，本来没有亚历山大这个城市。大约是在公元前330年，马其顿国王亚历山大率领希腊联军杀向埃及之后，赶走了波斯人。在这个地方，他做了几件事情，其中之一就是他用大麦粉在地上画了一件战袍的形状，然后说在这儿要建一座城市，于是就有了亚历山大——一座距今已经有2300多年历史的城市。亚历山大城特别漂亮，因为这是希腊人修建的。虽然亚历山大本人是马其顿人，但马其顿也是"希腊化时代"的希腊世界。亚历山大为什么要修建这座城呢？据说因为在他来到之后做了一个梦，梦见一个白发苍苍的老人，对着地中海朗诵了自己的诗歌，这个老人是谁呢？是荷马。于是，他就想这个地方一定要有一座城市，因为他是一位将军，所以在此处建造了一座战袍形状的城市。

　　亚历山大图书馆曾是上古时代规模最大、影响最深远的图书馆，是托勒密一世在公元前259年修建的，他的目的是"收集全世界的书"，所以凡是进入亚历山大港的船只，只要载有图书都要被收归亚历山大图书馆。可惜这个图书馆早已经没了。为什么没了？传说是恺撒在杀向埃及的时候，在亚历山大这个地方采用火攻时将图书馆烧毁了，但是当时并没有完全烧没，还有其他的原因，最终使这个图书馆彻底毁灭了。亚历山大图书馆因为有教学研究，所以它还是一个研究院。

亚历山大图书馆于1995年重新修建，新馆采用了筒式建筑形式。图书馆外墙面上刻写了很多古老的和现在的文字、符号、图案，这一设计很特别，也特别漂亮。

2000 年落成的新亚历山大图书馆

亚历山大是一个充满了故事的地方。除了亚历山大图书馆之外，还有著名的庞培柱，庞培柱现在是亚历山大的城徽。它是一根粉红色花岗岩石柱，柱顶是花形柱头。石柱原是塞拉皮雍神庙的一部分，神庙建于托勒密二世时期。神庙被毁后，只有石柱被保存下来，成为航海者的航标。

原塞拉皮雍神庙示意图　　　　　　亚历山大的庞培柱

世界七大奇迹之一的亚历山大灯塔也建于此，其建造于公元前280年，就在法罗斯岛上。大约是公元956—1323年间三次地震将其震倒，现仅存遗址。据说当时法罗斯岛上的亚历山大灯塔可以让4辆车并排一起开上去，这是一座非常大的灯塔，在灯塔上边还有一面镜子。

灯塔是用来指引航行的，上面的镜子能将灯光反射到40多公里远的海面上。

亚历山大灯塔（示意图）

现在法罗斯岛上有一座古城堡，这座城堡不是希腊化时期的，而是阿拉伯世界那个时候的一座城堡，还是值得一看的。

亚历山大
法罗斯岛上的城堡

亚历山大发生过太多的故事，其中包括最为有名的克里奥帕特拉七世的故事。美国的一部电影叫《埃及艳后》，讲述的就是克里奥帕特拉七世的故事。埃及艳后其实是马其顿人，也就是希腊人。为了权力制衡，克里奥帕特拉七世和她年仅9岁的弟弟托勒密十三世按照古埃及的习惯结婚，共同治理埃及，这是古埃及的传统。双方各有一派大臣，为了争夺权力，两个人打得不可开交，尽管他们俩名义上是夫妻，又是姐弟。

影视作品中的埃及艳后

为什么会是这样呢？对于古埃及人来说，要想当法老，一定要有100%的法老血统。法老的合法性主要来自两个方面：一方面是神的赞同，另一方面是有埃及法老的血统。"神的赞同"这个好办，因为从理论上讲，法老是最高的祭司，所以其他的大祭司都得听法老的，这一合法性较容易获得。而血统是否纯正，与我们的观念不一样。我们的观念是，只要是国王或者说是皇帝的儿子，特别是长子，就有可能成为储君。但在埃及是这样的，血统有一半来自父亲，一半来自母亲，如果是法老的儿子，那么只有一半的法老血统，需要母亲至少应该是一位公主，才有可能成为法老，所以埃及出现了很多皇室的兄妹，甚至最离奇的是爷爷和孙女之间的婚姻。因为只有这样他们的孩子才可能拥有100%的法老血统。这种兄妹婚在百姓之中是很少的，或者说几乎没有，但是在皇室里比比皆是。这就造成了克里奥帕特拉七世与她的弟弟结婚和共治，这一切都是政治的需要。她的弟弟统治埃及的时候才有九岁，和姐姐结婚后两个人就打得不可开交，就是为了争谁是真正的法老。

讲到这里不得不提到一个人，那就是庞培。古罗马内政在这个时候出现了问题，庞培战败逃亡埃及之后，恺撒就追到了这里，要逮住庞培。而托勒密十三世法老为了得到恺撒的支持，他的大臣就把庞培杀了，把庞培的头献给了恺撒。结果恺撒很不高兴，因为他与庞培虽是政敌，但有亲属关系。

恺撒来到了埃及，住进了宫殿。有一天晚上突然从宫殿里面冒出来一个人，从哪儿冒出来的，他不知道，也就是说，这个宫殿里的密道有很多。恺撒很奇怪，也很警觉，因为他毕竟是军人，所以他又很镇静。这个人说我们女王要见你。恺

《克里奥帕特拉与凯撒》，
让-里奥·杰罗姆绘于 1886 年

撒说女王要见那就见吧。于是这个人很快从密道里边扛出一卷地毯放在了恺撒的面前，大家都说这个危险，但恺撒毕竟是一位将军，拿着剑就挑开了捆地毯的绳子。随着地毯一点一点滚开，一位美丽的少女出现在他的面前。是谁？她就是埃及法老克里奥帕特拉七世。

　　原本第二天恺撒是要调停这姐弟两个人之间的纷争的，调停一定是三个人同时见面，先见其中一个，就会有一些态度上的不同。果不其然，第二天一见面，弟弟发现他的姐姐已经跟恺撒在一起了，大骂恺撒背信弃义，结果被恺撒抓了起来。后来被放出来，便公开与恺撒、克里奥帕特拉开战，最后战死在尼罗河中。为什么大家对此事津津乐道呢？就是因为克里奥帕特拉七世（后世称之为埃及艳后）能够俘获一位大名鼎鼎的罗马将军，是很不容易的。不仅是恺撒，之后又有安东尼，也是

《安东尼和克里奥帕特拉》，劳伦斯·阿尔玛·塔德马爵士绘于 1883 年

一位大将军，又被她"俘虏"。一直到最后，当亚克兴海战正在激战中，安东尼听说女王的战舰离开战场返回埃及，他也不顾战争胜负，跳下大船坐着小船去追克里奥帕特拉。

第三位将军是谁呢？是屋大维。屋大维来了之后，克里奥帕特拉再一次施展她的美人计，结果未成，于是她自杀了。安东尼听说克里奥帕特拉自杀后，也自杀了，这个故事的真伪暂且不论。

为什么说克里奥帕特拉是艳后？至少她长得美丽，如果她姿色平平的话，那么无论是恺撒还是安东尼，哪一个她都俘虏……她究竟美在什么地方？我曾经看到过她的雕像，这也是……长为数不多的一个形象。不能说丑，也算不上美，就是

克里奥帕特拉七世雕像

一位长相一般的女性。据说她身材不高。这样的女人会是一个美人吗？也许那个时候人们的审美和现在的审美不完全一样，但她无论如何谈不上是一个美人。可是，她能流利地讲十几种语言，拥有这种才能不是每一个人都能够做到的。古希腊人在记述她的时候说她能够从一种语言很自如地转向另一种语言，并且她的声音就像银铃一样的好听，所以这个美，不仅仅是长相，还有她的文化底蕴，这是她的魅力。克里奥帕特拉七世的魅力在于她的学识、胆识，还有运用语言的能力。声音好听也是其中的一个原因，为什么那些歌唱演员以及播音员的声音让我们听起来觉得很舒服？除了长得比较端庄，声音比较好听，这种魅力还是很难抵挡的。

二、吉萨

我们去开罗，会先到吉萨。这个地方以前是吉萨高原，离开罗挺远的。现在，吉萨省和开罗市已经连在一块了。人们常说的古代七大奇迹唯一幸存的埃及最大的金字塔——胡夫金字塔，就屹立在吉萨高原上。

吉萨金字塔群是埃及古王国第四王朝第二位法老胡夫与其儿子哈夫拉及孙子曼考拉三代人的陵墓。其中，胡夫的金字塔最高最大，约有147米高，其次是哈夫拉的，原先也有143.5米高。曼考拉金字塔最小，原高65.6米。胡夫金字塔的塔基呈正方形，每一边都有230米左右，上面全是石头垒起来的，可想而知这是多大的一个建筑。吉萨金字塔群旁还有三个金字塔是胡夫的王后和王子的金字塔，都相应的比较小。还有斯诺弗汝法老的夫人，也就是胡夫母亲的小金字塔也在这个方向，现在还对外开放，可以进去参观。在哈夫拉金字塔的前面，在尼罗河方向不远的地方有一个大斯芬克斯，这是世界上最大的狮身人面像，特别高大。这里最初的时候是一座山，本来是把它当作一个采石场来修建金字塔的。但是后来人们发现有些地方的石质并不是很好，然后想到要把这座山雕成一个巨大的雕像，这个雕像就是大斯芬克斯。它是镇守在地平线之上的荷鲁斯，既是王权的标志，又是另外一个永恒世界的守护人。有这样的一个镇守者在那儿，就类似于阿努比斯神，甚至比它的作用还大，镇守一个陵墓或者一个大墓地，而这里安息着这么多埃及法老的亡灵，所以它特别重要。

这三座金字塔之间还有一些小的建筑，特别是胡夫金字塔的南侧，有一个玻璃船形状的建筑，是太阳船博物馆，进去

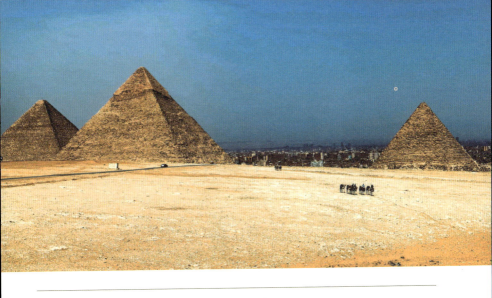

吉萨金字塔群

之后能够看到一条最古老的船，这艘船长43.63米、宽5.66米，是公元前2500多年时建造的。这条船是在胡夫金字塔南侧挖掘出来的，在清理胡夫金字塔周边石砾的时候，露出来了一条条长长的巨大石板。说是石板，其实是长方形的石块，每块有十七八吨之重。于是人们想找一种可行的方法，看看里边到底是什么。如果把石板砸碎了的话，石头一定会掉下去，砸坏文物。这是考古的大忌，于是想了很多办法，最后采用了一种很简单的办法，用一个比较细的钻头钻进去，然后从这个钻孔伸进一个带有镜头的探头，发现底下的确有文物，还有一些木板，有一些绳头。

特别好玩的是什么呢？在钻透了之后，这位埃及考古学家往里看，黑乎乎的，什么也看不见。他用鼻子闻了一下，说了一句名言：我闻到了时间的味道。这的确就是4500年之前的一个船坑，在发现的木板中有船头、船尾，是胡夫法老的太阳船。遗憾的是这个太阳船博物馆现在拆除了，巨大的太阳船

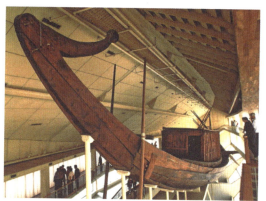

胡夫金字塔太阳船

也转移到了别处。在这个船坑的另一侧又发现了一个船坑，但挖掘出来没有船。究竟是什么原因，我们不知道。我为此船还写了一本书——《神秘的金字塔太阳船》。

经过一年半的努力，从船坑中挖出船体部件共651块，其中有舱门、舱板、舱口盖、甲板，还有大的船板，有些构件已经折断，总数可达1224件。无论大小，都是杉木，经鉴定，这些杉木来自黎巴嫩。出土后的船板都被进行了编号，对每一块板都量了尺寸，按同样的形状照1∶10的比例把它们缩小，之后开始测量、拼图、描绘、制作模型，最后终于拼出一条船。正是经过这样复原，才知道原来这个地方埋的是一条船，我们现在看到的这艘船就是当年被发掘的太阳船后经13年复原成的。

在这里除了看震撼的金字塔，还有很多的遗址，比如说那条甬道，也就是哈夫拉金字塔的前边对着东部，向着尼罗河方向，没有完全被破坏掉。尽管顶盖没了，但是那条甬道

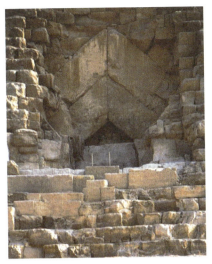

胡夫金字塔入口

塔内甬道

墓室内石棺

的底部基本还在，我们能够看到上面有铭文，还有浮雕，非常好看。

　　胡夫金字塔的入口位于塔的北壁，塔内的坡状甬道有的地段很狭窄，有的地段相当宽敞。从甬道可通往地下墓室、王后墓室和法老墓室。其中，胡夫墓室最大，位于金字塔中央，是安放胡夫木乃伊的墓室，长10.47米，宽5.234米，高5.974米，地面和墙壁用深红色花岗石砌成。南、北墙上各建一个通风口，一直往上通往塔外，这是人类最早的通风设施。墓室内除一具深褐色石棺外，毫无其他陈设。这个墓曾经被盗过。

三、萨卡拉

　　萨卡拉在什么地方呢？大约距开罗80公里。萨卡拉是一个非常重要的景点，因为到埃及的人都想要看一看金字塔，而埃及的金字塔起源于萨卡拉的阶梯金字塔。这是古代埃及古王国时期，具体地说是第三王朝的一位伟大的法老佐塞尔所修建的一座金字塔，这座金字塔实际上是按照玛斯塔巴墓，也就是我们说的板凳墓，在其上加了几层之后所形成的一个建筑。这座建筑开启了人类金字塔建筑的先河，由此开始修建了很多金字塔，甚至包括我们中国的，比如说我国吉林省通化市高句丽王城遗址，在高句丽王朝早中时期（公元1—5世纪）时也有类似于金字塔式的建筑。

　　位于高句丽王城遗址的将军坟，从形式上看特别像位于萨卡拉的这座阶梯金字塔，当然这之间并没有直接的传承关系。然而有的时候，人类伟大的头脑经常会想到一块儿去，就是我

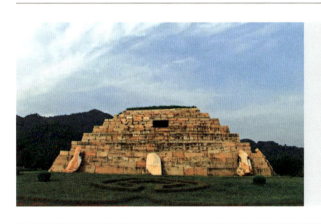

高句丽将军坟

们经常说的英雄所见略同。在中国也有这样的一个建筑。历史
上最早的是这座在萨卡拉的阶梯金字塔。

伊姆霍特普与他设计的世界上最古老的金字塔建筑——阶梯金字塔

阶梯金字塔是一位名叫伊姆霍特普的人监工修建的，他
是佐塞尔王的一个宰相。埃及语里面有一个词汇特别有意思，
用象形文字来表述就是一个猫头鹰的形象和一个嘴的形象，加
在一块儿是监管的意思。在古埃及人的称谓前，如果放上这
样一个头衔的话，那么他一定是监管者，特别是对于伟大工
程的监管者。伊姆霍特普是古代埃及最伟大的监管者之一。
后来还有伟大的监管者，但是都没有被神化，而伊姆霍特普是
唯一被神化的一个大臣，可见他对埃及历史的贡献有多大。

阶梯金字塔有一个我们称之为金字塔综的综合建筑。为什
么这么称呼呢？因为我们至今也没有想好用哪一个汉语的词汇
能够更好地表述这样的概念。这是除金字塔外，还有与金字塔

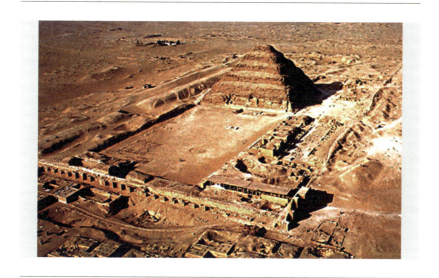

阶梯金字塔

配套的院落，里边修建有不同的神庙等，加在一起叫作金字塔综合建筑，英文词汇为"pyramid complex"。"complex"取前头音（con），按口语语法形成现在我们说的"××控"，比如说，有人是相机控或Hifi控，就是对相机或高保真的音响有极其爱好的综合情结叫"complex"，我们称之为"控"。有人也说，这个金字塔综合建筑用的是同一个词"complex"，为什么不能用"金字塔控"，因为说到"金字塔控"，好像是人们对金字塔特别感兴趣的一个群体，所以我们放弃了，还是说金字塔综合建筑比较恰当。阶梯金字塔综合建筑的院落比较大，金字塔周围原建有葬仪院、祭司堂等建筑，并有长约1654米、高60米的护墙围起来。

进去之后向左走，再往回走，我们会看到一条甬道。每次

阶梯金字塔综合建筑

来这里，我都会建议去看一看，因为这条甬道保留得相当完好。尽管上面的棚已经没有了，但是地面和两侧的石头还在，沿着这条甬道一路走来，会在墙壁上看到很多浮雕。对于古埃及来说，这些浮雕司空见惯。

墓内墙壁上反映现实生活场景的画

在任何一座建筑的墙壁上，我们都能够看到非常多的浮雕，因为对于古埃及人来说，所谓永恒的材料就是石头，在石头上面有很多浮雕是很正常的。但是这些浮雕不一样，为什么呢？因为尽管有个别的地方雕刻的是敬神的内容，但是它并不像大多数的浮雕那样能够让我们看到的全是敬神的内容，或者说绝大部分是敬神的内容，这些浮雕中有其他的内容，描述的是什么呢？是现实生活中的一些具体场景，比如说收割，比如说赶着驴，驴对于古埃及人来说是最常见的。

经常有人问我古埃及人的交通工具是什么？我回答就一个字——驴。我们现在去埃及，除了看到一些现代的交通工具如汽车等，驴仍然是农村特别重要的一种交通工具。我们知道驴不会走得太远，但是在日常的生活中，比如说农民种地、收割时驮一些生产资料等，都还是靠驴。因此，我们能够在这里的墙壁上看到很多浮雕是人们赶驴、收割等具体的生活场景。

当然除了驴，在尼罗河上还有船，他们的船最早是用纸草做成的小船，然后变得越来越大，变成木船后也采用纸草船的形式。埃及的船为什么和别的船不一样？是因为它起源于纸草

骑着毛驴的埃及人

尼罗河上的船只

船。有证据表明最早的纸草船在公元前5000多年的时候已经出现在尼罗河上了，新王国时期的很多陵墓壁画中已出现纸草船的图画，展现了古埃及人的日常生活场景：有的是人们在纸草船上捕鱼，有的是在纸草船上捕鸟。小法老图坦卡门的陵墓中出土的雕像更是栩栩如生地表现了小纸草船在古埃及人日常生活中的重要性。雕像中的图坦卡门手执鱼叉站在纸草船上，想必是在尼罗河上捕鱼。

　　古埃及木船最早是从第一王朝阿哈法老时期开始出现的。在王室墓地萨卡拉，考古学家发现了许多船坑，对我们了解5000多年前古埃及的木船很有意义。萨卡拉还出土了一艘未被拆卸且完整掩埋的船只，该木船长约14.5米，船坑内用泥砖衬壁，用沙子掩埋。

　　我们知道这些场景描述的并不完全是现实人的生活，尽管它是现实中的生活场景。它描述的是人们的亡灵进入另外一个

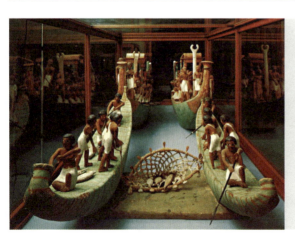

古埃及墓葬出土的
反映日常生活中的船
（开罗埃及博物馆）

世界之后，他们所要面临的工作，可是谁也没有见过永恒世界
或者是冥界人们到底怎么生活，人类的一切想象都基于现实生
活，也就是现实中人们是什么样，未来就是什么样。通过这样
一些浮雕，让我们能够看到古代埃及人的日常生活，而不都是
高高在上的皇室生活，这是值得一看的。

　　萨卡拉是古王国时期重要的陵墓地区。以佐塞尔王的阶梯
金字塔为中心，附近有很多小的金字塔，其中包括第五、第六
王朝的金字塔，还有一些玛斯塔巴墓。这些玛斯塔巴墓是用石
头建造的，有一些是用泥砖建造。泥砖的说法是埃及学家刘
文鹏先生最初从英文翻译来的。

　　我在埃及考察过太多的用泥砖建造的一些玛斯塔巴墓以及

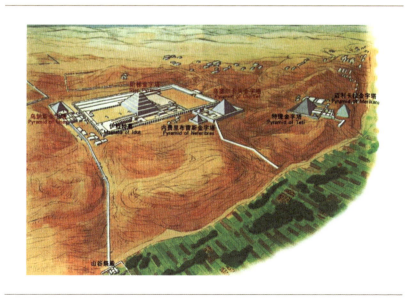

萨卡拉金字塔

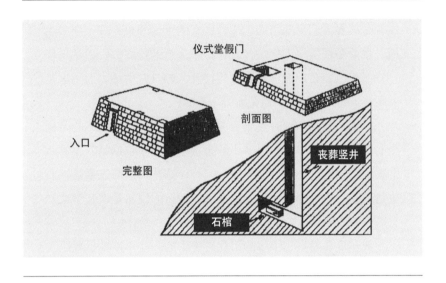

古王国玛斯塔巴墓图解

一些神庙的墙壁，而这些所谓的泥砖就是土坯，跟我们的土坯没有太大的差别，只是大小不一样。埃及的泥砖比我们的土坯要略大一点，里边也有一些草类的成分，其作用相当于钢筋。

　　除此之外，我们在这个地方还能够看到一些竖井。这些竖井的作用是什么呢？古代埃及有很多墓葬中的棺椁是被放在很深的地下，上面有地面建筑，其中包括金字塔或者是玛斯塔巴墓。最底下有棺椁的地方实际上是很深的，要到达深处不像我们想象的有甬道通进去，而是靠一个竖直的、特别细长的通道，往下到一定深度时突然拐弯，在拐弯处有一个墓室。这是早期的墓葬形式，到了后来这种结构形式仍然被很多大臣所沿用。我们在讲到帝王谷、麦迪那工匠村的时候，还会提到这些。虽然那些工匠的陵墓没有这么奢华，也采用了这样的结

乌纳斯金字塔

构。我们去埃及，其中包括萨卡拉，有时能看到现在正在挖，还没有挖完的竖井，如果能下去的话，会看到这个竖井两侧墙壁上有一些石刻。这些古代石刻并不是刻意被刻得很精美，大部分是工匠在上面随便刻画出来的。正是如此，这些壁画是一些特别真实的生活写照。

　　乌纳斯金字塔也在附近，它是第五王朝的最后一位法老乌纳斯的金字塔。乌纳斯的墓室是首次用金字塔文做装饰的墓室，企图用一系列的魔咒确保已故国王的灵魂不灭。金字塔内部的建筑标志着丧葬习俗的重大发现，人们首次对皇室墓地进行了装饰，墙上刻有蓝色的陪葬碑文，天花板上装饰着星星，无盖的玄武岩石棺在布满繁星的人字形屋顶的墓室里。

四、孟菲斯

　　既然萨卡拉是古王国时期皇室的大墓地，那么我们会猜想古王国的首都孟菲斯一定离萨卡拉不会太远。古埃及的古王国有这样的一个传统，北方的萨卡拉是皇室的墓地，南方的阿比多斯，也就是后来成为新王国时期皇室大墓地的地方，这就遇到一个问题，埃及南北相距800多公里，这两处为什么同时有皇室的墓地？一位法老去世之后，他的遗体只有一具，究竟这具遗体是放在北方还是放在南方？后来经过考古学者的考察才知道，他们的遗体，也就是他们的木乃伊，基本上是放在北方的，只有到了新王国时期才放在南方。南方这个墓地放的是什么呢？有人说按照我们的习惯叫衣冠冢，遗体没在那儿，但是衣物会埋在那个地方。

　　这符合古代埃及人的一个观念，是什么呢？是一个"二"的观念。在古埃及人的思想观念中，"二"是一个特别重要的概念。埃及的语言里经常会出现上下埃及、两土地、两女神、两个什么什么，"二"的地方特别多。这里有一个特别重要的语法现象，我们知道很多语言有单数名词，有单数和复数之分，但是很少有双数。比如说英语里有单数有复数，但是埃及语里不仅有单数有复数，还有双数。

　　"二"代表什么呢？最初埃及统一成一个国家，成为统一的文明，是纳尔迈在南方征服了北方之后。在内伽达文明时期，也就是新石器时期，埃及的南方和北方渐渐地各自成为一个大的权力中心。

　　埃及前王朝的历史进入其最后的阶段大约是在公元前3900年到公元前3100年的约800年的时间。这个阶段的历史被称为内伽达时期。它分为三个时期，内伽达Ⅰ期、内伽达Ⅱ期、内伽达Ⅲ期。内伽达Ⅲ期文化晚期又称作埃及的第零王朝，内伽达向王朝的过渡并无大的革命性事件发生，而是自然而然的进程。

最早的时候权力很分散，都是一些小的势力，有很多处。最后，南方经过兼并和统一，形成一个大的势力，并最终南方战胜了北方，形成一个统一的埃及，这个时候埃及人有了自己的意识，称统一后埃及为"可爱的土地"，或者叫"黑土地""两土地"，这都是古埃及人自己的称呼。可见，"二"的概念对于埃及是多么重要。因此，北方有一个墓地，南方也有一个墓地，这是符合埃及人的统一概念和传统思想的。

孟菲斯作为古埃及古王国时期的都城，一定会留下王宫及重大的神庙等建筑，但遗憾的是，王宫现在都荡然无存。其原因是近代以来，无论是法国的入侵，还是后来英国的统治，之前有马穆鲁克王朝，再又是阿拉伯人入侵等，这一切王朝的统治，文化和政治的中心都在北方，于是北方的改变就相应比南方要大得多。其中改变最大的就是孟菲斯，孟菲斯这个古王国时期的古都城，经历了繁华直到衰败，后来变成废墟，很多重要的建筑都已经不存在了。现在留下来的还有什么呢？只有一个院落叫做孟菲斯博物馆。

说是博物馆，其实只有一个院落，里边有一些石碑和雕像，其中包括两座立着的拉美西斯二世的雕像，非常大。还有一座斯芬克斯狮身人面像，也是比较大的。这个斯芬克斯刻画的人是谁？说法不一，有人说是拉美西斯二世，因为标注的是拉美西斯二世。但我看其面相，认为是图特摩斯三世，但标注的却不是图特摩斯三世。由于埃及人有这样的一个习惯，就是

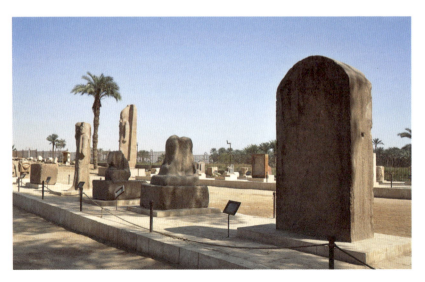

孟菲斯博物馆

孟菲斯博物馆的斯芬克斯狮身人面像

后人会改变前人的一些现成的东西。比如说方尖碑，本来是一位法老献给某个神的石碑，后来的法老可能会把他的前任或者是以前的法老的名字凿掉，然后刻上自己的名字，这种情形非常多，所以我们不能排除在这座斯芬克斯狮身人面像上会不会也发生过同样的事情。我们现在也没有办法证明他一定是图特摩斯三世，尽管我认为非常像。

　　顺便说一句，假如我们去开罗，到埃及博物馆，一进门的院落里，正对着博物馆的门的地方有一个水池，水池中间立有一座斯芬克斯的雕像，大家都喜欢在这座雕像前拍照，这座斯

埃及博物馆门前的斯芬克斯像

芬克斯的雕像，是图特摩斯三世。孟菲斯的斯芬克斯的形象跟那个形象是非常像的。

　　博物馆院落的右手方向有一个馆，这个馆里陈列了一些零零碎碎的文物。其中最主要的是中间有一个巨大的雕像，这个雕像是谁呢？毫无疑问，是拉美西斯二世，第十九王朝的一位伟大的法老。与赫梯签订第一个人类和平条约的法老就是他。他留存下来的雕像、神庙也是最多的。它为什么躺在这个地方呢？一般的雕像都是站立的。它最初是站立的，不仅站立，还有一个类似于石碑的东西贴在它的后背上，但是它的腿断了。这不是战争的结果，而是由于时间太久，或者是人为破坏，导致它的腿断了，只能躺下，因此为它建造了一个博物馆，让我们有机会靠近这一尊雕像，能够看到它服饰上面的一些标记。

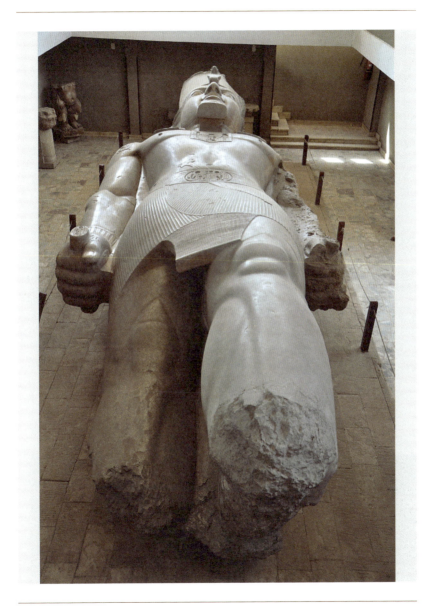

拉美西斯二世

　　既然这里提到服饰，就简单地介绍一下古埃及的服饰。埃及是一个很热的地方，但是冬天也有很冷的时候，特别是晚上。冬天在埃及考古，不止是一次，我就有这样的感受：白天穿着半袖衫考古，我会遮盖得很好，不然的话会被晒得很严重，但是晚上回到住处，因为没有空调取暖，会被冻得瑟瑟发抖。我们看浮雕也好，雕塑也好，还是壁画上出现的男人，基本上是赤裸上身，因为法老都赤裸上身。这说明什么问题呢？说明古埃及人的审美与我们现在很多民族是不完全一样的。他以这样为美，或者说在重要的一些仪式场合，他一定是这样的穿着，所以在图画中才以这样的形象示人。当然，他们也很少穿鞋。

　　很早的时候埃及人穿鞋，比如说在纳尔迈调色板上，我们看到身材最高大的那个人是纳尔迈。南方的纳尔迈打败了北方的敌人，统一了全国。他的身前有一个人，身后有一个人，身后这个人在调色板正面出现，在反面也出现了。这个人一只手拎着一个罐子，另一只手拎着一双鞋，类似于草编鞋的样式，我称之为"人字拖"，跟我们现在的人字拖特别像，而且它的造型特别漂亮。

埃及法老的黄金鞋

　　在开罗的埃及博物馆，我们在二楼能看到很多"人字拖"在展示，而这个"人字拖"特别让我"嫉妒"。因为只有一两双是草鞋，剩下的基本上鞋底都是黄金打造的，非常漂亮。这些鞋平时是不穿的，只有在仪式的时候可能会穿。

　　老百姓甚至包括大臣一般是不穿鞋的。着装基本上是裙子，他们没有扣的概念，所以埃及人所有的东西都是围、系，这是他们服饰的主要的手段。我们还能看到一些装饰。他们一般戴的不是项链，是项圈。因为项圈的造型是一个半圆，半圆有"统一"的含义。在埃及语里有一个符号是一个圆圈，其底下一条横线，既代表了宇宙，又有护佑的意义。项圈一般有四层，有的时候还会更多，而且每一圈里都镶嵌宝石，然后串在一起。有的时候还会有一些缀饰，缀饰往往是一些代表吉祥的字符。比如说，圣甲虫的形象代表创造，心的形象代表了愿望、想象、欲望。在这一点上和我们非常像，所谓心想事成。考察它的文字，我们也能看出与我们想法不一样的地方。比如说，"爱"这个字，在古汉语文字中有一个"心"字。但古埃

古埃及圣甲虫

及人是用什么爱呢？古埃及人的"爱"前面是表音的，后面表意的是一个人指着嘴。中国人的爱是用心去爱，爱在心头口难开，是比较含蓄的。而埃及人不是，埃及人指着嘴说，爱要大声说出来，所以这是两个文明之间不同的一个地方。类似的不同，我们在语言文字里处处可见。从图画里，从文献里，我们又能得到验证。

　　回过头来，再往下看是在裙子上刻有拉美西斯二世的王名圈，他还戴着手环。当然他会戴着王冠，这个王冠前面有神蛇，神蛇护佑着王权。他手里还握着一个东西，大部分法老是拿着，偶尔会有大臣拿着这个东西。一般认为它是滚筒印章，在历史上最早使用滚筒印章的是苏美尔人，公元前3000多年就

头部戴着王冠

佩戴假胡子　　　　　　　　　　　手握滚筒印章

已经出现了滚筒印章。在几乎是同时代或稍微晚一点，埃及也出现了滚筒印章，但不像在两河流域那么普遍，这说明埃及的滚筒印章非常有可能是从两河流域文明流传过来的。作为一个我们称之为"新月形沃土"的富饶地带，两河流域的文明是很发达的，交通也不像我们想象的那么困难，所以他们之间的交流很多。但是有些时候，特别是当大臣在拿着它的时候，如果不是滚筒印章会是什么呢？它非常像伊西斯之结，是具有护佑功能的护身符。护身符有很多的说法，有不同的形式或模样，很多西方学者在专门研究这个课题，但这个雕像手里握的的确是一个滚筒印章。除了这个滚筒印章，最重要的是挎在脖子上的一个印章，那是王室的玺印。雕像还有假胡子，当佩戴假胡子时，说明他已经变成神了，也就是死了。

　　这就是孟菲斯，金字塔时代的首都。

五、达赫述尔

　　游历完孟菲斯之后，我们继续往南走，走到萨卡拉稍南的地方是达赫述尔。前面在讲金字塔的时候，已经提到了弯曲金字塔和红金字塔，这两座金字塔离得非常近。我们经常说金字塔的"三高"：最高的当然是胡夫的，第二高应该是哈夫拉的，第三高却不是吉萨曼考拉的金字塔，而是这两座达赫述尔的弯曲金字塔和红金字塔。这两座金字塔的造型也是非常宏伟的。我们可以看到它跟胡夫的金字塔有所不同。当我们来到胡夫金字塔下之后，会感觉到我们特别渺小。因为建造它的每一块石头大体上都有一米二三见方。而达赫述尔的金字塔是用比胡夫金字塔更小一些的石头累积起来的。

　　可能有一点大家并不十分清楚，以为这座金字塔都是用比较方整的石头一层一层建造起来的，其实不是。埃及人很聪明，他们把比较规整、大且好看的石头放在外层，里边的石头

弯曲金字塔

红金字塔

相应的就没那么好。我们能够看到红金字塔选用石头的颜色和质地是比较统一的。再看弯曲金字塔，石头材质基本上也是一样的。

如果进入这两座金字塔，就会发现要走很长的甬道，进去是很费力气的。我们到上埃及，到帝王谷，在那个凿岩陵墓里面，还能看到这种甬道已经变得特别宽敞，人完全可以在里面站立起来。要想够到棚顶都是很难的，它非常高，而且非常宽敞，两侧墙上都有壁画，特别漂亮。

我们进去，也不是直接到达墓室里边，同样也会经过拐弯或者向上或向下的通道，但现在地下的那一部分一般是不让大家进去的。这是达赫述尔金字塔。

六、法尤姆湖

从达赫述尔出来，我们还会继续往南，来到这样的一个地方，这里有一个很大的湖，叫法尤姆湖。法尤姆地区对于中埃及这一区域来说特别重要，很多重要的建筑、重要的遗址都围绕着法尤姆湖，而且法尤姆湖在史前是一个重要的人类居住地。湖水是从哪儿来的呢？从尼罗河来的。

这儿有一个瀑布。我们知道埃及不乏大瀑布，特别是尼罗河上有五大瀑布。瀑布在英文里有两个词，一个是"fall"，另一个是"cataract"。在英汉词典里，"fall"有"瀑布"的意思，还有"跌落"的意思等。那么，"cataract"是什么意思呢？翻译为"大瀑布"。我们一般理解大的就是"cataract"，小的就是"fall"。其实不是这样。呈乱石嶙峋式的、落差的瀑布称为"cataract"，而"fall"往往是花果山水帘洞式的瀑布。尼罗河上的几个瀑布都是"cataract"，只有在法尤姆湖这个地方才有一个真正的"fall"，是跌落的瀑布。这个瀑布其实落差也没多大，但是埃及人会告诉你，这是一个极其壮观的瀑布，落差非常大。我第一次去的时候，令我特别吃惊的就是它的落差，有点像我们公园里假山上的瀑布，但毕竟它是埃及人引以为自豪的瀑布之一。

法尤姆地区是埃及人最早生存的地区之一。埃及的西部荒漠有些地方还是很有历史的，其中包括鲸谷。大约42万年前，整个埃及都在水下面，这个地方是海，所以在荒漠里才有鲸鱼的骨骼化石出现。因为在这里发现了很多鲸鱼骨骼化石，所以这个地方被称为鲸谷。这是一片沙漠，风景很好，有一些像蘑菇一样的沙堆，看起来别具一格。法尤姆湖在考古上还有

法尤姆湖瀑布

一个说法，法尤姆湖最初水域面积特别大，然后是越来越小，尽管这个地方的面积现在看上去特别大。古埃及人称法尤姆湖为海。

古埃及语里有两个词指海，一个是"wAD wr"，就是法尤姆湖，又指地中海，直译意思是"一大片的绿色"。还有一个名词指另一个海——红海，他们叫"ym"，是塞姆语中的海，借用过来指红海。古埃及人称法尤姆湖为一大片绿色（而不是蓝色），我们不管它是不是真正的绿色，不管它的词源为什么如此，但是法尤姆湖的确很大，尽管比过去小了很多。

鲸谷

于是就产生了一个问题，人们会围绕着水来生存，这是毫无疑问的。有居住就会有遗址，遗址会被后人发掘出来，离水越近的遗址应该越晚。这是考古断代的基本判断。人不能生活在水下，而水域在缩小，离水域远的遗址，应该年代越古老。但有趣的是，考古学家渐渐发现有一些离水很近的遗址却更加古老，比离水远的还要古老，这就违反了考古学的基本理论，于是人们猜测这个矛盾到底是怎么造成的。后来，一位研究地质学的学者解决了这个问题。他考察了法尤姆湖逐渐变小的整个历程，变小的总趋势是多次反复的过程，是很慢很慢的，也可能一年都看不出它有越来越小的痕迹，两年甚至也看不出来，但时间长了就会出现。因为毕竟史前时期还不像王朝时期，几十年可能就会有变化，甚至王朝都变了。在那个时代，有的时候500年可能是一个单位，500年之内算作是一步，那么再过500年是另一步，是这样的一个变化尺度。

经过他的研究，告诉这些埃及学者，这个问题实际上已经解决了，为什么呢？他说你们的理论没错，越靠近遗址越是后来建成的，虽然法尤姆湖的大体趋势是由大到小，但它不是直线性的变化，是有反复的。总的趋势是越来越小，于是出现了看到的这样矛盾现象，其实仍然是越靠近水的越是后来的遗址。

还有古埃及地名，同一个地方的地名往往有三个：第一个是古埃及人给它的名称，第二个是古希腊人给它的名称，第三个是阿拉伯人给它的名称。这就造成了同样一个遗址，你问埃及人其中一个名称，他不清楚是哪儿，或者他知道的是现在的名称，但不知道希腊人的名称；问一般的学者，他会知道希腊人的名称；只有问到研究埃及学的学者，他们才会告诉你三个名称是什么。

这个地方就是希腊人给它的名称，埃及人称它为"iT tAwy"，曾经是埃及短时间的一个首都，就在法尤姆湖附近。因为"iT"是"攫取了什么东西，逮到了什么东西，控制了什么东西"的意思。在埃及语里，"tAwy"是两土地，也就是这个地方是统治或者控制了上埃及和下埃及两土地的一个地方。因此，我们确定它是一个时期的王宫所在地，后来证明它的确是王宫的所在地，是第十二王朝阿蒙尼姆哈特一世法老建的都城。

从法尤姆湖继续往南走，附近还有很多遗址，像美杜姆等。我们还可以往北，但是从来没有旅游者会去阿布—拉瓦什，因为可去的地方太多，而阿布—拉瓦什毕竟不是旅游城市，只是一个王子埋葬的地方，这个王子是胡夫的第一个儿子，叫斋代弗拉，他统治的时间有10年，也是一个法老，他的金字塔已经坍颓了，只有一些埃及学家会去探访。

七、开罗

　　我们再返回开罗。开罗既是很古老的城市，又是很现代的城市；它既是一个很干净的城市，又是一个特别脏乱差的城市。

开罗
扎马利克岛

　　开罗也有像扎马利克岛这样的富人岛。在扎马利克岛有很多现代化的建筑，外国人也特别多。为什么外国人特别多呢？因为几乎所有发达国家的大使馆都在扎马利克岛上，我国的大使馆也在这里。扎马利克岛是尼罗河中最大的一个岛屿，与尼罗河东岸的开罗城区通过解放桥连接，过了解放桥就是解放广场。政府大厦、埃及博物馆等建筑在广场附近。岛上有几座大桥通向西岸。

　　我们在开罗能享受到什么样的美食呢？最有特色的是，我们可以乘坐像古代的法老船一样大的法老船，在船上享受美食，同时欣赏尼罗河两岸的风光。埃及的特色的食物有什么呢？一种是Aish，这是埃及人的主食。选用不同的面粉制作出来的口味不同，全麦的，是供老百姓吃的，国家有补贴，2埃镑就能够买到10张饼。刚烤出来的饼是圆的，因为饼是中空的，凉了之后，就瘪下来了。埃及人会蘸着豆瓣酱以及其他的酱吃。10张饼，大体上是三口之家一天的食物。1埃镑相当于一块两毛五人民币，可见他们的生活消费极少。因此，有些农民不愿意种地就干脆到开罗去生活，还可以住到"死人城"里。"死人城"实际上是一个墓地，但是由于那个地方水电免费，于是有大量的人住进了"死人城"。"死人城"像是开罗的一块很肮脏的补丁，又没有办法移出去。太多的穷人在那个地方生活，他们什么也不干，就享受国家补贴，所以他们的生存还是挺容易的。当然，我们在法老船上吃到的是用精面做成的Aish，闻着很香，吃起来更香。除了可以蘸豆瓣酱，还可以把它一切两半，因为中间是空的，所以可以往里边夹不一样的食物，其中有一种叫"烤爸爸"的，实际上是一种烤肉，类似我们的"肉夹馍"。

还有一种我更喜欢的美食叫 Kofta，是把肉做成馅儿，然后做成像香肠一样放在火上烤，吃起来会更好，也可以夹在 Aish 里吃。

另外一种我最喜欢的，是把大虾清理好了之后，烤完了放在Aish里吃。我记得是5埃镑一个，相当于人民币六七块钱，半个就够吃了。

再有就是烤鱼，这是埃及的特色。第一次吃埃及的烤鱼时，不知道如何下口，因为烤鱼是包着锡纸端上来的。这里的鱼，第一是新鲜的，烤制前是活的；第二，是海鱼或者是河

埃及美食锡纸烤鱼

鱼，当然海鱼更多一点。鱼是直接放在火上烤，烤完了之后的鱼外表糊得厚厚的一层，然后用锡纸包着放在你的面前。怎么吃呢？我后来学会了，下手。埃及人一般是动手，他们在餐桌上的动手能力很强。我们有的时候会用刀叉，埃及的老百姓根本不用，就用手。洗完手之后把鱼外面的焦黑部分去掉，露出白色的肉，非常鲜美。接下来用手抓，一块一块肉抓起来吃，最后扔掉剩下的骨架以及内脏。这是埃及的一个特色。

还有一个特色是埃及人都会向你推荐的——烤鸽子。他们饲养鸽子特别多，在埃及会看到很多白色的、高高的鸽子楼。他们制作这道菜的方法特别有意思，先把鸽子内脏清理干净，然后把大米塞到里边，再蒸熟。尽管埃及人喜欢吃，也极力向外国人推荐这种食物，但是我总觉得不如我们的烤乳鸽好吃。

埃及人喜欢吃这种填塞的食物。比如，他们的食物里有一种是把土豆蒸熟之后，将中间挖空再放入蔬菜和肉，然后蒸。

埃及美食烤鸽子

　　茄子、西葫芦也是掏空放入各种馅儿后蒸。还会把菜叶儿卷上一些东西，放锅里蒸。还有一种价格特别便宜的菜，就像我们的素丸子，其实就是用蔬菜弄成一个团，然后油炸，也很好吃。这些都是他们的主要食物。还有一些其他做法的食物，就跟欧美的食物差不多了。

　　烤肉也比较多。除了"烤爸爸"，还有Kofta。Kofta在欧美到处都能够看到，特别是在土耳其，那种竖着的、一圈一圈转着的烤肉，然后拿刀往下削成一片一片的。

　　还有一些食物，对中国人来说就觉得很难吃了。比如，有一些包子和饺子，但里边包的是糖。还有一些饼，虽然看起来跟我们的饼类似，但是只要咬一口，就会发现极甜，甜到根本无法下咽的程度。

　　还有一种是褐色的糖浆，用饼蘸着吃，这都是埃及人喜欢的吃法。我一直怀疑埃及有百分之九十九点九的人可能会患糖尿病，因为他们的食物太甜了。我在埃及工作的时候，有一个当地的教授来看我。我给他泡了一杯茶，他喝了一口之后，过了半天说了一句"有糖吗"？我说"有啊，在厨房"。他往一杯茶里用汤勺狠狠加了三勺糖，基本上半杯是糖了，然后找了一根筷子搅了搅后再喝，说："嗯，这个茶好。"后来我试了一下，放一点点糖后的味道也挺好，但是加那么多糖的喝法实在是接受不了。

在开罗，傍晚的时候可以在尼罗河上泛舟。提起"Flucca"，埃及人都知道，就是那种白色的帆船，古埃及就用的那种帆船。坐这种船游尼罗河按小时收费，而且是可以讲价的。

夕阳西下，晚霞在尼罗河一侧落下，把沙漠映衬得一片通红。在蓝色的水域中有一叶白帆，坐在这艘帆船中，既有穿越时间的感觉，又有穿越空间的感觉，那是一种特别奇妙的体验。

流经开罗的尼罗河

萨拉丁城堡

　　萨拉丁城堡位于开罗的东南部，这座城堡是为了抵抗十字军而修建的城堡，里边有几座教堂，穆罕默德·阿里的清真寺也在这里。城堡里面还有几个小的博物馆，比如说军事博物馆，其中陈列了一些战斗机。站在城堡的城墙上可以俯瞰整个开罗，可以看到尼罗河从左向右一直流到远方，也能够看到尼罗河上有四根白色的烟囱。

　　为什么提到这几根烟囱呢？因为烟囱附近有一个特别重要的工厂，叫阿斯福尔水晶厂，是世界上第二大水晶厂，它的水晶制品在全世界都是很有名的。

　　开罗还有一个悬空教堂。在开罗南部有一条水道是罗马时期建造的，底下有拱门，上边是一个特别高的水道，非常古老了。这个水道现在仍然保存得非常好。

　　在开罗，好玩的娱乐活动还是在法老船上，不但有美食还有舞蹈。其中有两种舞蹈特别有名，一种是肚皮舞，另一种叫大裙舞。肚皮舞是由舞娘来跳的，而大裙舞是由男舞者穿着很

悬空教堂

多层的大裙旋转。一般是不停地转，五到六分钟，然后摆出各种各样优美的动作，最长的能够转到十分钟。舞者与客人有互动环节，他会来到你身边，拉着你跳。最后会解下大裙，在手中旋转，像撑着一把特别大的伞，然后会在你身边与你拍照。

法老船上的肚皮舞和大裙舞表演

八、卢克索

接下来，我们要乘飞机从开罗飞到卢克索，这是南方的一座城市。"卢克索"一词来源于阿拉伯语，最初指古罗马占领埃及时在此修建的兵营。卢克索是数代古埃及中王国和新王国时期的都城。底比斯仍然是希腊人命名的，在古埃及，它的名字叫佤塞特（wAst），古希腊人将这一埃及名音译成"底比斯"。"佤塞特"的原意是"佤斯权杖之城"，而"佤斯权杖"正是法老权力的象征。古埃及将全国划分为42个行政区，称之为"诺姆"。每一个诺姆都有自己的标志，而底比斯的标志象征着统治。

（一）东岸

在卢克索，尼罗河的东岸有两座特别重要的神庙：一座是卢克索神庙，是一座单一的神庙，面积非常大；另一座是卡纳克神庙。因为有这两座神庙，所以卢克索被誉为世界上最大的露天博物馆。两座神庙都有3000多年的历史。

1.卡纳克神庙

卡纳克神庙的建造与底比斯成为古埃及的政治中心有关。在此之前，底比斯只是个地方文化中心，其所尊崇的神阿蒙、姆特和宏苏都没有被提升至国家神的级别。直到第十一王朝，底比斯才开始变得重要起来。也就是说，从中王国开始，卡纳克地区才开始出现献给姆特女神和孟图神的神庙。到了新王国，底

卡纳克神庙复原图

卡纳克神庙遗址

比斯成了埃及的首都和全国的政治文化中心。之后人们修建了卡纳克神庙的主体部分，每个法老都将一部分建筑奉献给了神明。

卡纳克神庙由三个主要区域构成。第一个是阿蒙–拉神庙区域，这也是卡纳克神庙的主体部分。阿蒙–拉神庙北侧的第二个区域是献给战神孟图的。第三个区域就是距离阿蒙–拉神庙南侧稍远一点的神庙区——姆特神庙区域。阿蒙神和孟图神不同属一个神系，姆特神却和阿蒙神同属一系，还是阿蒙神的妻子。孟图神庙修建得较早，所以不受阿蒙神的影响。但古埃及人还是将战神孟图纳入了底比斯神系，让孟图神化身月神宏苏，而宏苏正是阿蒙神和姆特神的儿子。

卡纳克神庙特别宏伟、壮观，10个神庙勾连在一起。为什么说10个神庙？其实不止10个神庙，大的神庙的综合建筑就有10个。因为它有10个塔门，塔门是大的神庙的入口。

我们从尼罗河方向过来，外围有一个入口卖票处，还有一个厅，厅中间有一个立体沙盘，呈现了整个卡纳克神庙的建筑。再往前走，有一个木桥，过了木桥才能够进入卡纳克神庙区。

卡纳克神庙复原沙盘

神庙门口本该有两个巨大的方尖碑，但已不知去向。方尖碑代表的是太阳神的光线，立于神庙门口，上刻赞颂之词。在塔门前稍远一点的地方有一个小的方尖碑，是第十九王朝法老塞提一世的小方尖碑。小方尖碑前有个小桥，底下有一个小河沟，

卡纳克塔门及前面的
第十九王朝塞提一世的
方尖碑

桥下边能够看到有一些铭文，铭文记录的是一次大洪水。

从神庙本身结构看，第一塔门的左侧是完整的，右侧上边缺了一层。而从游客进入塔门的方向看则正相反，左侧塔门缺一层，右侧完好。什么时候缺的？有人说是开始建的时候，是第三十一王朝没建完。当然有这种可能。也有可能是后来被毁掉的。虽然它不是一个特别完整的塔门，但是非常宏伟。从这个塔门进去是一个院落，这个院落左侧有三个房间，分别献给阿蒙神、姆特神和他的儿子宏苏神。另一侧是拉美西斯三世的小神庙。院中还有一个用雪花石做成的很大的方台。

再往前走，有一座巨大的雕像，是拉美西斯二世的雕像。这座雕像两腿中间站着一个像小孩儿（其实不是小孩儿）的雕像，是一位王后的雕像，是拉美西斯二世的妻子。他的妻子为什么会比他的身材矮这么多？这是古埃及的一个文化传统，也就是说，在一幅画里身材最高大的应该是神，接着是法老，其他人都应该比他们矮小得多。

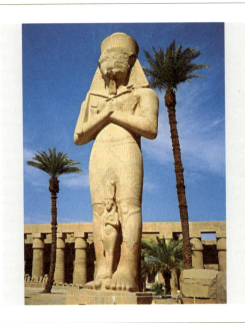

拉美西斯二世雕像

　　有一个故事也特别有意思。新王国时候有一位法老，第二十王朝的拉美西斯十一世，他面临着大祭司阿蒙霍泰普在影响力上对他的挑战，他很不高兴，可是他已经无能为力将这位祭司免职了。在这种情形之下，他召回了在努比亚的总督，让总督来解决这个问题，因为这个人很厉害。总督回来之后就把这个大祭司弄掉了，但是他自己不走了，当上了大祭司。

　　史学家怎么知道这个叫阿蒙霍泰普的大祭司已经不听从法老的指令了呢？因为在一些神庙的雕像里，这个祭司居然把自己的身材刻画得和法老的身高一样高。我在考古的时候已经遇到了这样的情形，英国的利物浦大学号称拥有世界上最强的埃及学团队，他们团队中有几个人曾经问过我这样一个问题，这个祭司是不是真的跟法老是同样的身材，我回答是，他说看来这个观点是正确的。其他雕像都是法老身材最高大，其他人都相应的非常小，其实并不是因为人的身材真的有这么大的差异，而是古埃及"等级比例"艺术原则使然。同时，我们还能够看到这样一个情形，就是高大的棕榈树，其后边的柱子有点像含苞待放的棕榈树，这是对自然的模仿，是一点不错的。

从第一个庭院走过去之后就是多柱厅，这也是最为震撼的地方。原来这里有134根柱子，现存129根。两排柱子的两侧又都是柱子，中间的柱子最高，它象征的是创世之岛最中间的那一块，所以它是最高的。

卡纳克神庙多柱厅

卡纳克神庙的巨柱

　　柱子上刻画的一圈一圈的都是浮雕和铭文，其中有一些固定的文字，还有一些法老的王名圈。那些浮雕下边仍然是一些带有文字意味的装饰性浮雕。多柱厅的内墙上都是浮雕和铭文，内容特别重要。外墙上也都是，其中包括亚洲的战争场面，在这个地方出现了。

　　往前走，经过第三塔门、第四塔门、第五塔门、第六塔门，一共是 6 个塔门，也就是6个神庙的院落纵向排在一起。然后向右修建了第七、八、九、十塔门，卡纳克神庙一共有10个塔门，每个塔门后面都有一座神庙的建筑。

　　再往前走，最终到达圣殿。圣殿的墙上刻画着神话故事，中间有一个台子，上面应该是太阳船，但是太阳船现在已经不知去向。

从这个院落出来，到第三、第四塔门，可以看到有两个方尖碑，都是新王国第十八王朝的，一个是哈特舍普苏特女王的方尖碑，另一个是图特摩斯一世的方尖碑，两个方尖碑非常高大。现在埃及所有方尖碑中最高的就是这其中的一座方尖碑，高接近30米，而且其上所雕的文字非常漂亮，同样也有浮雕。最初的时候，有人研究埃及的文献，文献里面记载着在尼罗河西岸晚上居然能够看到方尖碑闪耀的光芒。一个石头怎么能在晚上闪耀出光芒呢？后来，考古学家在其他地方的方尖碑上看到镶嵌

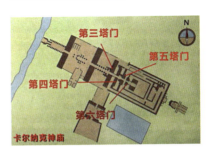

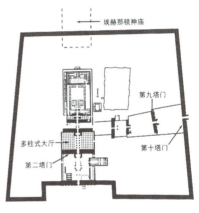

卡纳克神庙示意图

了一些金箔，然后，在这里的方尖碑上也看到了凹槽，由此推断这个凹槽上面原来是镶嵌着金箔的，金箔在阳光的照射下会闪闪发光。因此在几十公里之外能够远远地望见闪闪发光的现象，这个记述应该是真实的。美国的一个埃及学家在电脑上重新复原了这样的情景，的确非常壮观。

这里有个唯一存在并且有水的圣湖，据说圣湖是法老们祭拜太阳神时用来净身的。圣湖附近有一块红色花岗岩质地的方柱形石墩，正面刻满了象形文字铭文，其上卧着一只很大的甲

哈特普苏特女王和
图特摩斯三世的方尖碑

卡纳克神庙中的圣湖

虫雕塑，这是阿蒙霍特普三世法老的作品。这是谁的神像呢？
就是我们说的那个蜣螂的。圣甲虫在埃及语中的意思是"诞
生"，有再生的魔力。此雕像距今已有3000多年历史。到了这
里，大伙都有一个习惯，就是围绕着它转上几圈，据说会带来
好运。

　　这个地方还有一个方尖碑的头，因为它断了，躺卧在那
里，现在被重新立起，但由于没了下半段，看上去显得矮了许
多。在这个方尖碑上，我们能够看到被重新刻写的字样。这个
方尖碑是谁的呢？是哈特谢普苏特女王的。从铭文里还能够看
到她的名字，涉及她的时候都用阴性的名词。在有些地方，我
们能够看到她的雕像是以一个带胡须的法老形象出现的。也就
是说，在有些仪式上，女王扮成男人出现在众人面前。为什么
呢？因为埃及整个3000多年的历史，毕竟是男人的历史和男人
的天下。

　　古埃及历史上有过6位女王。哈特谢普苏特统治了20多
年，而且是统治非常好的一位女王。其他的女王都是在不得

圣甲虫雕塑

已的时候，或在王朝没落的情况下，于危难关头挺身而出。或者是王后，或者是公主，挺身而出挽救残局，但一般是统治了一两年，最多的是6年。哈特谢普苏特是因为她的儿子图特摩斯三世年纪尚小，她才从幕后走向前台，等她去世之后，图特摩斯三世这位伟大的法老开始铲除哈特谢普苏特女王的名字。他们的关系看来也并没那么好，所以我们看到了一个断了的方尖碑。

　　还有一个地方应该看，但是它不开放，就是宏苏神庙。宏苏神庙在考古学者眼中是最美的神庙，浮雕色彩保存非常好。特别是从棚顶墙角处一块方形天窗洒进一束阳光照在人们手上时，让人浮想联翩，思接千古，我还为此写过一首诗：

月神之光

一束阳光透过神庙的天窗

照在虔诚者的手上

像捧着神赐的信仰

三千年的日日夜夜

从未失约彷徨

宏苏月神庙宇

尚未对游人开放

铜锁将神秘隐藏

是天神闪过的身影

是命运点燃的火光

忽悠而过让我与月神碰撞

穿越那时间的隧道

并不觉得漫长

因为只有光的速度

才能让时间倒过来流淌

想起来古老

梦起来沧桑

可当指尖马上触碰到壁画

电光石火的眩晕瞬间绽放

那墙上的诸神也立刻活跃

为我的到来翩然起舞

这一刻，天地缩小

凝于一线光亮

思绪万千似饮醇美酒浆

呢喃，幻化，向上

给我力量，给我力量，给我力量

卡纳克神庙主要是献给底比斯主神阿蒙神的，那么自然而然会涉及姆特神和宏苏神。有一个神庙离它非常近，是姆特神的神庙。这个地方还有一个神庙，从中王国时期就已经开始修建，一直到王朝结束到了罗马统治时期还在修建，这个神庙叫孟图神庙。

还有一个位置特别重要，这个地方都是些残垣断壁，上面有浮雕和铭文，特别好看。这也是一个神庙，是普塔赫神的神庙，也是比较残破了。这个地方是怎么发现的呢？因为它已经残破了，根本看不到了，大家不知道它的存在。卡纳克多柱厅里有两个轴线，一个是南北轴线，另一个是东西轴线。当然，它不是绝对的南北向，稍微有点斜。在考古的时候，大家发现南北轴线上面向过道的所有巨柱上面的东西都是献给阿蒙神的，但后边有两个柱子是献给孟菲斯普塔赫神的。为什么会是这样？于是有了一种猜测，是不是这个门通向一个普塔赫神的神庙呢？因为神庙里经常有一些活动，包括有些时候法老要参与祭祀、大臣要参与神的一些活动，那么会有一个队伍要走在前面，法老跟在后边，再后边是祭司跟着。走到什么地方呢？有可能阿蒙神要过去拜会另一个神叫普塔赫神。

这种情况非常多，以后介绍登德拉神庙和埃德福神庙的时候，还会讲神与神之间的拜会。他们之间经常有往来，因为埃德福的神庙是献给荷鲁斯神的，而另一个是献给哈托尔神的。据传哈托尔神跟荷鲁斯神是夫妻关系，夫妻两个神总是"两地分居"不行啊，于是会经常在中间见面，不论到谁那里见面，实际上都是一个盛大的宗教节日活动。

所以，考古学家猜测这里一定有一个普塔赫神的神庙。于是考古队开始在这个地方挖掘，最后挖掘出这个普塔赫神庙，神庙里有一个圣殿。这个地方从中王国时期开始修，一直修到托勒密时期，甚至到了罗马统治时期，古埃及已经基本上灭国了，成了罗马帝国的一个行省，仍然在修建。我们在这个铭文上能够看到克里奥帕特拉、托勒密等人的名字，甚至出现了罗马皇帝的名字，但文字还是古埃及文字。遗憾的是，到了公元400年，最后一块用埃及象形文字书写的铭文完成之后，就再也没有埃及象形文字出现了。

2.卢克索神庙

卢克索神庙的修建始于第十八王朝的哈特谢普苏特女王时期，之后历代法老不断对其加以完善和扩展，使之最终成为现在的样子。显然，卢克索神庙的建造年代比卡纳克神庙晚。

卢克索神庙的精妙之处在哪儿呢？塔门前有一个方尖碑，很大，在这个方尖碑对面相距几步远的地方，应该还有一个方尖碑。到底有没有呢？有，现在这个方尖碑在法国，协和广场上的那个方尖碑跟它就是一对的。这被很多欧洲人引以为傲，他们不说掠夺，他们说为什么我们不归还呢，你们看这两个方尖碑，哪个保存得更好，就会得出结论。的确，法国那个保存得更好，因为以他们的经济发达程度，他们的技术会更好。就连拉美西斯二世的木乃伊"生病"了，里边有了寄生虫要去"看病"，还得运到法国。要出国，他于是成了"人"，得有护照还要有签证。他的身份是什么呢？职业是什么呢？是法老。要去法国驻埃及的大使馆办签证，好在不用面签，

卢克索神庙

法国协和广场的方尖碑

否则木乃伊还得去法国驻埃及大使馆。

这是底比斯东岸的情况。

（二）西岸

1.帝王谷

卢克索重要的是西岸。在讲到墓葬形式变迁的时候，我们说最早的是坑墓，接着是玛斯塔巴墓，然后是金字塔。到了新王国的时候，他们放弃了金字塔，采用了另一种形式叫凿岩陵墓。什么叫凿岩陵墓呢？就是先选一个山沟，然后选择一个像金字塔一样的山头，再从山下挖进去这样的一种陵墓。新王国时期的第十八王朝法老图特摩斯一世在帝王谷开始了第一个凿岩陵墓。

自此，这条山谷成了第十八、第十九、第二十王朝500余年间法老们的墓地，即闻名于世的"帝王谷"。

目前，帝王谷一共有64个已经挖掘出来的陵墓，其中只有一两个是大臣的，剩下都是法老的。帝王谷每一个陵墓都有相应的编号，编号以KV开头，KV是 kings valley 的缩写（king 是国王，valley是山谷）。截至2012年，帝王谷陵墓编号从1到64，这个编号是按照挖掘的先后顺序来排序的。

帝王谷

谁是1号？是拉美西斯七世。帝王谷最隐秘的陵墓是图特摩斯三世的，编号是KV34，要走得很高，很艰难地上去之后才能进去。

在塞提一世陵墓旁是图坦卡蒙的陵墓，参观要另收费。为什么另收费呢？因为他的故事最多，他的陵墓几乎是所有64个陵墓当中最小的一个，最早是为一个大臣修建的。但是当年他突然去世了，用现代技术测出他的骨龄是18岁多一点儿。这么年轻的法老根本没有准备好他的陵墓，怎么办？于是借用了一个大臣的陵墓，所以他的陵墓非常小。

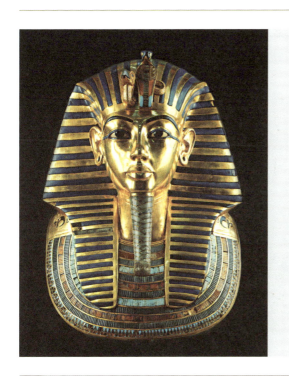

图坦卡蒙黄金面具

在图坦卡蒙陵墓的墙壁上有壁画，画有维齐尔阿伊（ayi）大臣在给图坦卡蒙这位年轻的小法老进行的开口仪式。开口仪式一般是由继承人来做的，而维齐尔阿伊这个时候已经50多岁了，由他给图坦卡蒙开口，所以有人说可能是他篡夺了王位。为什么说他篡夺了王位，甚至认为小法老是他谋杀的？因为图坦卡蒙的妻子作为埃及的王后，突然给自己的敌人赫梯帝国国王写了一封信，信中说，法老已经去世了，你有那么多的儿子，派过来一个，给我做丈夫，然后统治埃及。埃及从来没有这样的传统，她为什么要这么做？人们猜她一定是受到了一些威胁。不然她为什么会一反常态，违反埃及的传统呢？赫梯国王觉得这个事情很奇怪，就派一个信使去打听，看看怎么回事。信使回来说是真事，于是国王就让自己的一个儿子过去了，快到加沙还没能进入埃及境内时，就被人谋杀了。后来发

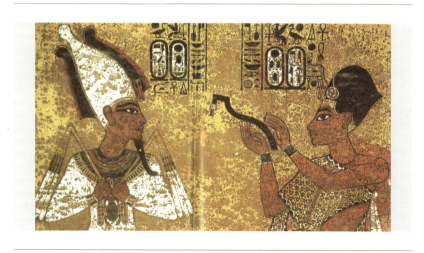

维齐尔阿伊大臣为图坦卡蒙做开口仪式

现谋杀者是埃及人，显然这是阴谋，是为了阻止他到达埃及。是谁阻止的呢？联系在一起，人们认为非常有可能是这个叫维齐尔阿伊的大臣。

还有这样一幅画，维齐尔阿伊在这幅画里穿着豹皮。埃及法老的标志有五个，除了王冠，身后要系一个公牛尾。按照我们的说法，说这个人是长了尾巴的，这是骂人的话。而在埃及不是，法老有公牛尾，是权力和力量的象征。还有一个标志就是豹皮，披上单肩的豹皮，这是法老的标志。由此可见，维齐尔阿伊那个时候已经准备做法老了，而他没有王室的血统，所以人们认为这是篡位。法老的另外两个标志是权杖与眼镜蛇。

发现图坦卡蒙陵墓很不容易。一位考古学家叫卡特，他是英国人，在英国著名的卡纳冯勋爵的支持下在埃及进行考古，希望在帝王谷能找到图坦卡蒙的陵墓，结果找了6年还找不到。勋爵失去了兴趣要终止寻找。此时的卡特孤注一掷，说再给我一年的时间，结果无意中就发现了。卡特给卡纳冯勋爵发电报，让勋爵即刻赶来。卡纳冯勋爵从伦敦飞到了开罗，赶到卢克索，到了之后终于打开了陵墓，打开之后的传闻很多。据传在《泰晤士报》上有人发文说他触动了法老的诅咒。法老的诅咒是这样的，说打开陵墓之后发现一个石碑，上面写着"谁惊动了法老的安宁，死亡之翼将会降临到他的头上"。后来，卡纳冯勋爵死了，还发生了一系列奇怪的事情。

怎么死的呢？卡纳冯勋爵在刮胡子时，不小心刮破了皮肤，然后刮破的地方又被蚊子叮咬，传说，这是神派的一只蚊子，在这个墓里存活了几千年，入侵者被叮后感染发烧而死。后来，卡特也死去了，卡特的秘书也跳楼自杀了，而且留下一句莫名其妙的遗言——"太可怕了"。据说，第一批进去的人全都死了。

图坦卡蒙墓发掘现场（一）

图坦卡蒙墓发掘现场（二）

　　还有一点，图坦卡蒙的陵墓为什么这么引人注目？因为在当时几乎所有法老的陵墓都被盗了，只有这一个是未被盗的。他是一个最小的法老，按理论，最小的陵墓里面挖掘出来的陪葬品应该是最少的。但是到开罗埃及博物馆就会看到，博物馆一层是不同时代的文物，二层有一半文物是从图坦卡蒙陵墓里面挖掘出来的。如果所有法老的陵墓都没被盗过，那么现在不知道需要多少个埃及博物馆才能装下这么多文物。这也是我们到美国大都会博物馆、法国卢浮宫博物馆、英国大英博物馆，能够看到那么多埃及文物的一个重要原因。当然，被毁坏的文物也是非常之多。

　　在帝王谷游览，一般的情况是买了门票可以免费进入3个陵墓，除了特殊的几个陵墓需要另外花钱。每一个陵墓都不完全一样，都有必要参观。

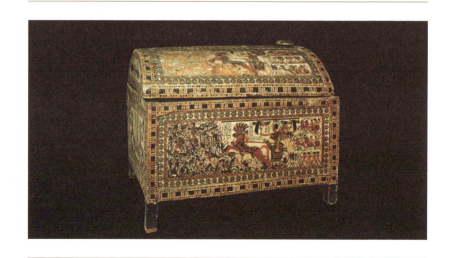

图坦卡蒙墓的出土文物（一）

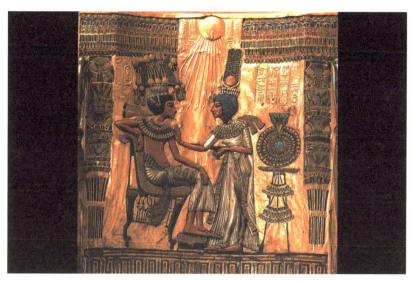

图坦卡蒙墓的出土文物（二）

　　陵墓的基本建制差不太多，都是长长的甬道，两侧有壁画，有象形文字，内容是超度亡灵，有点类似于《亡灵书》。上边都会有天顶，天顶上基本是努特神的形象，有蓝色或者黑色的星星闪烁。最后到墓室，呈椭圆形，中间有石棺，四周有壁画，壁画描述了各种各样的神怎么进入天堂等内容。走廊也都是分四段，走一段到下沉平台，再走一段，然后上去一段，最后走到下边到达墓室，基本是这样。

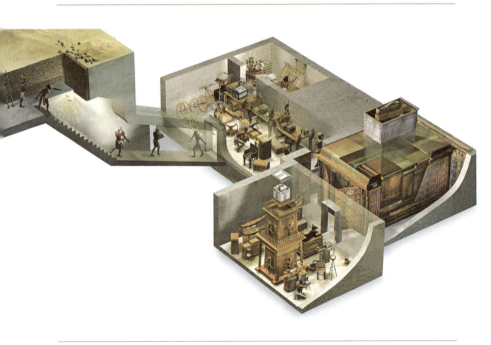

图坦卡蒙墓室结构示意

　　图特摩斯三世陵墓里有一幅壁画是椭圆形的。墓室里，石棺四周有两个柱子。四周墙壁上的壁画同其他的壁画有些不同，被称为阿姆杜阿特，表示在冥界的12小时，每个小时应该怎么过，会遇到什么情况，怎么去处理的一个指导书。假如大家很感兴趣的话，可以进去看一看。

帝王谷陵墓里的壁画

图特摩斯三世墓室及《亡灵书》壁画

2.王后谷

王后谷与帝王谷建于同一时期，这里是安葬新国王时期的王后及王室子孙的墓地，也埋葬了晚王国时期的王室成员。此地共发现了90座陵墓，其中包括拉美西斯二世的妻子内弗尔塔瑞的陵墓。

王后谷旁边是女王哈特谢普苏特神庙。这座神庙与别的神庙不一样，是台阶式崖墓和崖庙的结合体，从一个平台再上一个台阶，一共有三阶。神庙前面还有植物，植物早已死了，只留有两棵树的树根。这是什么树的根呢？是没药树，产没药这种香料的树。没药树是女王从蓬特（位于非洲东海岸的索马里和厄

哈特谢普苏特神庙

立特里亚一带）运过来的。女王神庙附近还有个神庙，是第十一王朝法老孟图霍特普二世的，已经坍塌，基本看不出模样来了。

　　神庙旁边还有一个地方可以去，叫麦迪娜工匠村。工匠村是建造帝王谷和王后谷的一些工匠居住的地方，这是一个考古遗址。

　　这些工匠去世了之后，也有陵墓，在什么地方呢？就在不远的山坡上。工匠的陵墓是凹下去的，呈竖井式，可以钻地道进去。钻进去后，有的是一个墓室，有的是几个墓室，墓室都是长方形，上面是拱形顶，尽管没那么辉煌，但是里边有壁画，由于见不到阳光，颜色特别鲜艳。有的是一个陵墓套着另一个陵墓，这是同一个家族的。墓室壁画的内容跟法老的陵墓丧葬的《亡灵书》等内容基本类似。

麦迪娜工匠村

3.登德拉神庙

离开卢克索，向南继续前行。有个地方一定要去，就是登德拉哈托尔神庙。登德拉哈托尔神庙是希腊罗马时期规模较大的神庙之一，且保存完好。它是在埃及成为罗马帝国行省后建造起来的。现在的年轻人都想去。

哈托尔不仅是神圣的天女、拉的女儿，还是荷鲁斯的妻子，代表着美丽、音乐与欢乐。这座神庙与其他神庙基本结构差不多，也有院落，院落里有一个圆盘式的东西，后来被用作磨盘了，那是法老举办赛德节的一个浮雕。边上还有一块石头，上面刻有贝斯神、欢乐之神、也是战神的一个形象。

走进这座神庙的多柱厅，多柱厅的颜色保存得很好。这个多柱厅之所以吸引人，是因为每一个人在这里都能找到自己的星座。我们来到屋顶上的另外一个小的房间里，这个房间的顶上有一个圆的黄道十二宫，这是人类历史上最早的黄道十二宫的

登德拉哈托尔神庙的门廊和圣洁堂

人类历史上最早的
黄道十二宫的图形

图形。当然，这个是仿造的，真品早已经被整个房顶切下去运走了，现在在巴黎卢浮宫呢。我想当时欧洲人真是疯狂，也真是下了大力气，把整个房顶都拿走了。

　　旁边还有一个类似于地下道的地方，我们可以钻进去。钻进去很费劲，因为只能通过一个人。进去后，能够看到很神奇得像茄子一样的图案，孕育着生命。到底是什么意思？边上还有象形文字。有的我能读懂，还有几处读不懂，这就是称之为密写的一些文字。这种密写的文字现在留下来的不多，但是有人能够把它解开，解的对还是不对，这个不好说。因为密写的文字，是密码，密码就有表面的含义和深层的含义。深层的含义和表面含义又不完全一样。比如说，接收的密码是一五三二六五，我们知道它是数字，这是表面的，其内涵代表的可能是英斯密码。这里的文字究竟写些什么，我们还不确定，这也是吸引人的一个所在。

九、阿斯旺

（一）阿斯旺大坝

接着来到阿斯旺。阿斯旺位于尼罗河第一瀑布下，是埃及南方重镇。阿斯旺自古是货物集散地和驿站。其名称源自科普特语，意为"市场"。阿斯旺是一个小城，现在著名的建筑叫阿斯旺大坝。阿斯旺大坝是世界七大水坝之一。1898年开始兴建阿斯旺大坝，1902年完工；新坝从1960年1月开始建设，于1971年1月完工。阿斯旺水坝所用的花岗岩比胡夫金字塔还多，足见其宏伟壮观。水坝的建成对埃及的社会发展起到了巨大的作用，供应了埃及一半的电力需求，并阻止了尼罗河每年的泛滥。过去，尼罗河里除了鳄鱼，还有河马等，很多大的动物现在都已经没了，这与大坝的修建有关。

阿斯旺大坝

（二）采石场

阿斯旺还有一个地方，是采石场。这里有一个巨大的未完成的方尖碑，是哈特谢普苏特女王的。这是最大的方尖碑，如果完成的话，约有42米高，近1200吨重。该方尖碑因在工匠雕刻石基的过程中，中间发生断裂，所以最后没有完成，就放弃了。它能够告诉我们方尖碑是怎么被凿出来的。

方尖碑那么大，一块石头怎么凿下来的，采用的什么办法呢？首先是在石头上凿出一个一个长方形的洞，有的会更深一点，凿完之后把干的木楔放进去。然后向洞中倒水，木楔遇水膨胀，膨胀之后就把这一排石头撑裂了。采石基本上采用这样的方法。这个未完成的方尖碑是一个值得人们观看的地方。

阿斯旺采石场
未完成的方尖碑

（三）菲莱岛

　　从阿斯旺可以乘船到菲莱岛。菲莱岛上有一个菲莱神庙。菲莱岛是生育及繁殖女神伊西斯的领土，菲莱神庙始建于2400多年前，以辉煌的建筑和石雕神话故事闻名。

　　伊西斯和奥西里斯的传说可以在古埃及文明中找到源头。相传，女神伊西斯的丈夫奥西里斯被其弟弟塞特杀害并肢解。伊西斯走遍各国寻找丈夫的尸块，她将丈夫的尸块重组并制成木乃伊埋葬，继而用魔法重新赋予其生命力。伊西斯接着繁育出了守护法老的鹰神荷鲁斯，伊西斯因而成为人类的守护者。

　　在希腊罗马时期，人们对伊西斯的崇拜达到鼎盛。后来，公元383年，罗马皇帝狄奥多西颁布禁令，禁止异教徒举行宗教崇拜仪式，但在菲莱岛一直没有成功实施。直到拜占庭

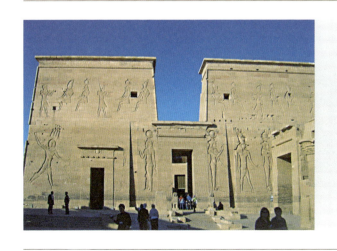

菲莱神庙

皇帝查士丁尼一世在公元540年下令扣押祭司，菲莱神庙被改为教堂。

　　现在的菲莱岛并不是它的原址。为什么呢？因为纳塞尔湖水位的变化让菲莱岛被水淹没了，淹没了之后曾一度有游客要坐在船上向下看。后来神庙被完整地打捞上来，在离打捞处二十多米以外，有一个露出水面的岛，就是现在这个岛，把神庙复原在这个地方了。这是一个非常大的工程，单靠埃及是没有这么大的力量完成这样大的工程的，是由联合国教科文组织出面，很多国家出力、出钱、出人完成的。

　　菲莱岛上的这个神庙，有一个"图拉真亭"。图拉真是罗马的皇帝，他在这里建了一个亭子，特别美丽，尤其是柱头有很多内容，墙上还有浮雕和铭文。

图拉真亭

（四）象岛

除了菲莱岛神庙，附近还有一个地方叫象岛，也值得一看。象岛上有一个城镇的遗址，还有一个饥荒碑。这个饥荒碑在象岛的悬崖上，严格地说是在象岛邻近的塞侯岛的悬崖上，去象岛时坐在船上会看到。在象岛上，我们能够看到尼罗河水位计，是古埃及人修建的一个有标志的阶梯，走下去会发现古埃及人怎么预测尼罗河的水位，他们靠这个阶梯的水位计来测量尼罗河的水涨水落。有些神庙里面也有这样的水位计，如果细心也能看到。

（五）埃德福神庙

阿斯旺附近有一个地方叫伊德福，我一般翻译成埃德福，这里有个神庙。埃德福神庙是献给谁的呢？是荷鲁斯，鹰神。埃德福神庙建于托勒密时期，是埃及保存最完整的神庙。这座献给鹰神荷鲁斯的神庙前方有一处塔门，塔门前立着两尊鹰隼雕像，塔门后方是一间带有柱廊的庭院，柱廊里的每根柱子都有一对不相同的柱头，柱身上画着宗教节日与庆典的场面。主庙正面排列有廊柱，由墙栏隔开。主庙入口矗立着一尊头戴双冠的黑色花岗岩鹰隼雕像。主庙内部有两间用来献祭的多柱厅，各由12根廊柱支撑。多柱厅后方有一间建于尼科坦尼布二世时期的石砌希腊式内殿，神庙中心建筑的墙壁内侧饰有浮雕，描绘了建造此庙的场景。其中还有一些画面配有描写荷鲁斯战胜塞特的文字，颇有戏剧色彩。

还有一点，它离登德拉神庙非常远，登德拉神庙是献给哈

埃德福神庙

托尔女神的。哈托尔女神与荷鲁斯神是夫妻。还有一种说法，说她们是母女。埃及的神话故事有的时候不统一，这种情形也是经常出现的。

在宗教的仪式上特别有意思，因为他们是夫妻，荷鲁斯神时常要来登德拉神庙拜会自己的妻子哈托尔神，哈托尔神也会去埃德福神庙拜会她的丈夫荷鲁斯神。有的时候走尼罗河水路，有的时候走陆路，走陆路时在中间有一些歇脚的地方，会有一些建筑。但遗憾的是，这些建筑现在已经不见踪影。也可能在地下，需要我们挖掘。如果挖掘，有可能把这条神路挖掘出来。这种神路往往是两边有神的雕像守护，然后通向另一座神庙，这是非常漂亮的一个建构。

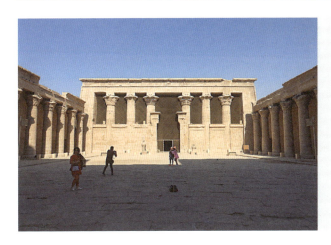

埃德福神庙
庭院北端及门廊

埃德福神庙
大型鹰隼雕像

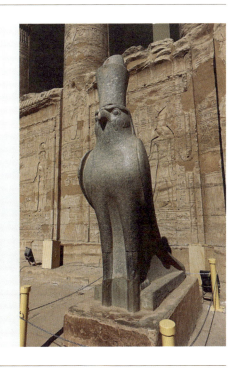

（六）阿布辛贝勒神庙

　　联合国教科文组织抢救古埃及文物中最大的一个工程，叫阿布辛贝神庙或者叫阿布辛贝勒神庙。阿布辛贝勒这个地方在古埃及的历史上，已经进入努比亚境内，或者说这个地方是古代埃及和古代努比亚两个文明交界的地方。古代努比亚基本上是被古代埃及控制的，他们有自己的语言，但是他们的文字是用古埃及象形文字的符号来书写的。

　　在拉美西斯二世为埃及留下的诸多建筑中，阿布辛贝勒神庙是最为壮观、浩大的一座，耗时近20年的时间。该神庙包括两座相辅相成的宗教建筑。阿布辛贝勒大神殿用于祭拜埃及的三大神阿蒙、拉—赫尔阿赫提、普塔赫以及被神化了的国王。拉美西斯二世在紧邻大神殿的地方建了一座献给王后内弗尔塔

阿布辛贝勒神庙

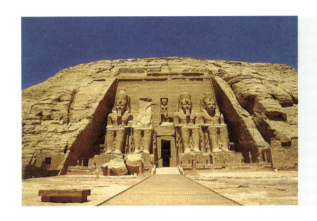

阿布辛贝勒大神殿

瑞和女神哈托尔的神殿，俗称小神殿。

　　阿布辛贝勒大神殿正立面高大宏伟，立有四尊拉美西斯二世巨像，令人联想到普通神庙的塔门。巨像底部的小雕像分别是法老的母亲图雅、妻子内弗尔塔瑞和儿子等王室成员。神殿入口上方的雕像暗示了法老的王名：鹰首太阳神拉一手持权杖，另一手持玛阿特女神雕像，象征"权力之王、秩序的维护者、拉的臣民"。神殿正立面上沿的一排狒狒像，它们是书吏之神托特的化身。

阿布辛贝勒神庙内立柱及壁画

阿布辛贝勒神庙内拜祭室的雕像

　　神殿内部第一座多柱厅有八根带有奥西里斯雕像的立柱，内庭的墙壁上刻有卡迭石战役的场景。第二座多柱厅有四根带方形柱基的立柱，柱基上饰有祭仪场景。一条横廊通往主殿。主殿由三间拜祭室组成，中间拜祭室的四尊雕像分别是普塔赫神、拉—赫尔阿赫提神、阿蒙—拉神和拉美西斯本人。

　　神庙的朝向独特，据说每年只有两天的时间，太阳的光芒能够照进拜祭室，照到这四个雕像的身上。据说这两天，一天是拉美西斯二世的出生日，另一天是他的加冕礼周年纪念日。一个是2月21日，另一个是10月21日。神庙搬迁后，时间往后延了一天。其实这两个日期只是后人杜撰的，并非拉美西斯二世的出生日与加冕日，但一年仅两天阳光可照见神像是真的。

　　阿斯旺大坝决定修建之后，为防止纳塞尔湖的水位上涨而把阿布辛贝勒神庙淹没，联合国在1964—1968年把它切割成1000多块，编号，然后测位，一切准备工作都做好之后，将岛填高了60多米，露出水面之后又把神庙重新组合复原。

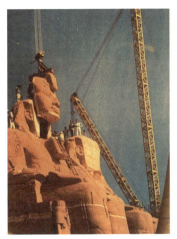

抢救阿布辛贝勒神庙

　　这个神庙旁边还有一座内弗尔塔瑞神庙，也就是拉美西斯二世妻子的神庙，俗称小神殿。小神殿正立面的六尊巨像，四尊为拉美西斯，两尊为内弗尔塔瑞头戴哈托尔神王冠像。神殿内部只有一间六根立柱（柱上绘有巨大的哈托尔叉铃）支撑的多柱厅和一间拜祭室，室内浮雕表现的是哈托尔以神牛形象从岩石浮现，庇佑拉美西斯二世的场景。小神殿也是迁移新建的，面对的是像大海一样的纳塞尔湖。

　　到此，我们沿着尼罗河从北到南把重要的地点都讲到了。还有一些，比如伊斯纳神庙、考姆翁布神庙，是敬索贝克神的，索贝克神是鳄鱼神，在神庙里还有鳄鱼的木乃伊。

　　还有一种游览的方法，先到阿斯旺坐船，顺流而下。这种船都是五星级的豪华游轮，用三四天的时间到卢克索。走一

内弗尔塔瑞神庙

处，停一站，上岸去看神庙。在豪华游轮上，白天可以躺在甲板上，甲板上有游泳池，还有午后咖啡时间（coffee time）。有来自各国的游客朋友可以在一起聊天，偶尔还能够看到埃及人坐的小船。你在上边，他们在下边，他们是来做生意的。还可以走到阿斯旺对岸，住在索菲特老瀑布酒店里。这个酒店是《尼罗河上的惨案》的作者住过的酒店，这部作品就是她住在这个酒店时写就的。据说英国前首相丘吉尔及各界名流都曾下榻于此。人们也愿意到这个酒店去居住。

沙漠、游船、红海

　　如果有时间，还可以到红海岸边。我一直说红海是五星级
酒店中的天堂，天堂中的五星级酒店。红海的水清澈纯净，沙
姆沙伊赫地区是个潜水的好地方，还有胡尔伽达。千姿百态的
珊瑚和种类繁多的鱼类，吸引了众多潜水爱好者前往。

索菲特老瀑布酒店

索菲特老瀑布酒店周边

附 录
古埃及主要法老王名圈

第一王朝

那尔迈　　阿哈　　杰尔　　杰特　　登

阿尼智伊卜　　塞梅尔赫特　　卡阿

第二王朝

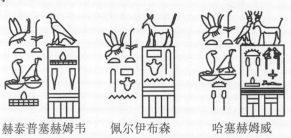

赫泰普塞赫姆韦　　佩尔伊布森　　哈塞赫姆威

第三王朝

萨恩阿赫特　　佐塞尔　　赛海姆赫特

第四王朝

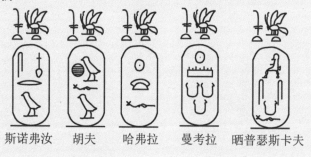

斯诺弗汝　　胡夫　　哈弗拉　　曼考拉　　晒普瑟斯卡夫

第五王朝

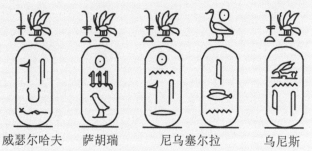

威瑟尔哈夫　　萨胡瑞　　尼乌塞尔拉　　乌尼斯

第六王朝

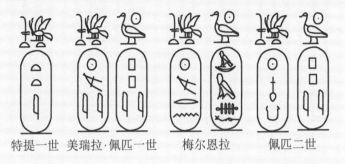

特提一世　美瑞拉·佩匹一世　梅尔恩拉　佩匹二世

第十一王朝

内卜赫徘特拉·孟杵霍特普　桑赫卡拉·孟杵霍特普　内卜塔韦瑞·孟杵霍特普

第十二王朝

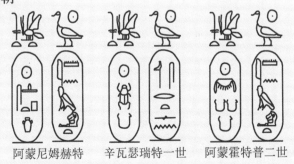

阿蒙尼姆赫特　辛瓦瑟瑞特一世　阿蒙霍特普二世

辛瓦瑟瑞特二世　辛瓦瑟瑞特三世　阿蒙霍特普三世　阿蒙霍特普四世

第十三王朝

塞赫姆拉塞瓦支塔维　　哈内弗瑞拉·内弗尔赫泰普

第十五王朝

塞乌瑟尔恩拉-哈伊安　　阿阿乌瑟尔拉·阿佩匹

第十七王朝

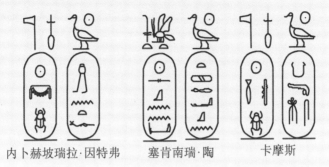

内卜赫坡瑞拉·因特弗　　塞肯南瑞·陶　　卡摩斯

第十八王朝

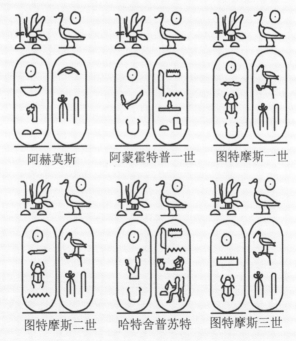

阿赫莫斯　　阿蒙霍特普一世　　图特摩斯一世

图特摩斯二世　　哈特舍普苏特　　图特摩斯三世

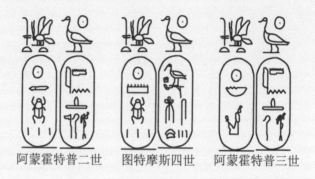

阿蒙霍特普二世　　图特摩斯四世　　阿蒙霍特普三世

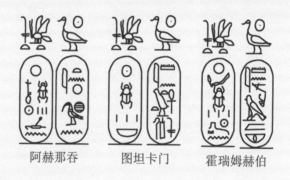

阿赫那吞　　　图坦卡门　　　霍瑞姆赫伯

第十九王朝

拉美西斯一世　　塞提一世　　拉美西斯二世　　梅尔任普塔赫

第二十王朝

拉美西斯三世　　拉美西斯四世　　拉美西斯九世

第二十一王朝

斯曼德斯　　普苏森尼斯

第二十二王朝

沙尚克一世　　奥索尔康二世

第二十五王朝

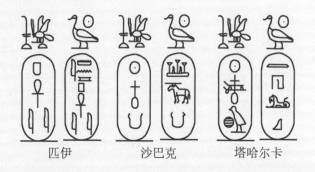

匹伊　　　　沙巴克　　　　塔哈尔卡

第二十六王朝

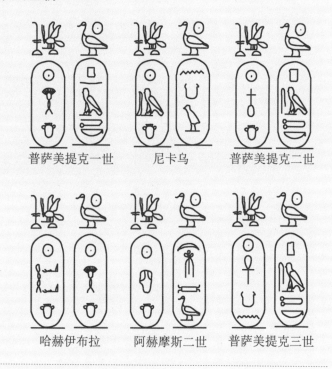

普萨美提克一世　　　尼卡乌　　　普萨美提克二世

哈赫伊布拉　　　阿赫摩斯二世　　　普萨美提克三世

第二十七王朝

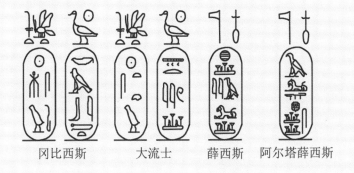

冈比西斯　　　大流士　　　薛西斯　阿尔塔薛西斯

陈宏武　供图